از صفر تا اینترنت

نویسنده: جواد صفارزاده (.M.S., M.A)

JS Computer Center, Inc.
13758 Victory Blvd. Suite 206
Van Nuys, California 91401
Telephone: 818-785-2400
Email: Saffarzadeh@aol.com
Website: www.teachertalking.net
Copyright 2007 Javad Saffarzadeh
ISBN: 0-9713377-4-8

چاپ دوم – زمستان ۱۳۸۵ شمسی
تیراژ: ۲۰۰۰
نام کتاب: "از صفر تا اینترنت"
ناشر: .JS Computer Center, Inc
نویسنده: جواد صفارزاده
جلد کتاب: مترونوم استودیو
کاریکاتور: علی شاه علی

قدردانی

سپاس فراوان به تمامی هموطنان عزیزی که طی دو سال اخیر در رابطه خودآموزهای آموزشی اینجانب مرا مورد تشویق و محبت خود قرار دادند. تشویق های شما عزیزان مرا بچنین کاری مصمم ساخت.

همچنین تشکر و قدردانی بسیار از همسر عزیزم، که بدون پشتیبانی و تشویق و بردباری او به اتمام رساندن این مجموعه غیر ممکن بود.

فهرست مطالب

مقدمه نویسنده

۱۸ سال تجربه تدریس به بیش از ۱۲ هزار نفر بزرگ سال از طبقات گوناگون و ملیت های مختلف دنیا، و همچنین چاپ سه جلد کتابهای ویندو، مایکروسافت وورد، و ایمیل و اینترنت، در میان هموطنان در سراسر جهان، بمن آموخت که تعداد کثیری از افراد بزرگسال که یا در مشاغل گوناگون هستند و یا باز نشسته و خانه دار، از فرا گرفتن کامپیوتر، هدفی بجز دسترسی به شبکه جهانی اینترنت، ندارند. و چه بسا که نیازی هم بجز این ندارند. تعداد زیادی از این افراد با کمک دوستان و یا فرزندانشان توانسته اند به درست کردن یک ایمیل ساده ویا خواندن اخبار از طریق اینترنت دسترسی یابند. چون دانش این عده نسبت به اینترنت بسیار محدود و سطحی بوده است اکثر اوقات در موقع کارکردن با کامپیوتر دچار اشکال گردیده و چنانچه نتوانسته اند برای رفع مشکل خود از کسی کمک دریافت دارند، با عصبانیت مجبور شده اند که کامپیوتر را رها کنند.

چنین مشاهداتی مرا براین داشت که دست به تهیه این مجموعه آموزشی جدید (کتاب همراه DVD) بزنم. همانطوریکه ملاحظه خواهید نمود، شما در این کتاب تمام مراحل از صفر (یعنی بدون هیچگونه دانش قبلی کامپیوتر) تا اینترنت را بصورت قدم به قدم فرا خواهید گرفت. بمنظور اینکه مطالب کتاب راحتر خوانده شوند خطوط درشتری بکار رفته است. کتابی که در دست دارید ماحصل ۱۸ سال تجربه تدریس است. در این کتاب نهایت تلاش در بکار بردن نگارشی ساده و روان بعمل آمده است. واژه های کامپیوتری به زبان انگلیسی و فارسی ترجمه گردیده اند. چنانچه شما بمدت دو هفته حداقل روزی یکی دوساعت از این مجموعه استفاده نمائید، بطور حتم پس از پایان دو هفته براحتی میتوانید از کامپیوتر و شبکه اینترنت استفاده کنید و احساس کنید که شما هم به این جمعیت الکترونیکی جهان پیوسته اید و برای همیشه از عذاب بیسوادی کامپیوتر رها گردیده اید.

موفق باشید.

جواد صفارزاده

فصل اول

شناخت کامپیوترهای شخصی و کارکردن با پروگرام ویندو

اجزای اصلی کامپیوتر

أصولا هر کامپیوتری از ۳ قسمت اصلی تشکیل شده است، که عبارتند از:

۱. (کیبورد) یا صفحه کلید: کار آن فقط وارد کردن فرمانها، و یا اطلاعات به داخل کامپیوتر است.

۲. (مانیتور) ویا صفحه نمایشگر: مانند تلویزیون است. مطالب داخل کامپیوتر را به شما نشان می دهد.
Monitor هیچگونه کار محاسباتی و یا کامپیوتری انجام نمیدهد. مانیتور مانند آینه، هرآنچه که داخل کامپیوتر میگذرد را بسته به فرمانی که صادر میشود، بر روی صفحه ظاهر میکند.

۳. (سی پی یو CPU): سرنام کلمه های Central Processing Unit میباشد، در واقع همان جعبه فلزی یا گاهی پلاستیکی است که دیگر اجزاء کامپیوتر به آن وصل میشوند. وقتی قیمت کامپیوتر را در مجله ها می خوانید، در واقع قیمت سی پی یو را مشاهده میکنید، وقیمت مانیتور را شامل نمی شود. البته کیبورد که بسیار ارزان قیمت است، همواره با سی پی یو ارائه میشود. معمولا در کنار کیبورد، یک ماوس Mouse (که همان آقاموشه خودمان میباشد) را نیز مشاهده میکنید. وظیفه آن انتخاب، و یا به حرکت در آوردن فرمانهای مختلف کامپیوتراست. البته در فصلهای بعدی در مورد این آقا موشه نیم وجبی سخن فراوان خواهیم گفت، زیرا نمیدانید که این موش نابه کار، بانی چه

بلاهایی میشود که ممکن است بر سر یک بنده خدای
تازه کار با کامپیوتر نازل شوند. (شکل ۱)

شکل ۱

پیش از روشن کردن کامپیوتر

- روش صحیح نشستن در مقابل کامپیوتر

نشستن در مقابل کامپیوتر، مانند نشستن پشت فرمان اتومبیل میباشد. نوع صندلی کامپیوتر از اهمیت زیادی برخوردار است. در صورت امکان باید صندلی مورد استفاده، تکیه گاهی برای پشت تان داشته باشد.
صندلیهایی که ارتفاع آنها قابل تنظیم است، بهتر میباشند. همانطور که در شکل شماره ۲ مشاهده میکنید، صفحه مانیتور باید هم تراز با چشمان تان باشد. البته در صورتی که کمی پایین ترباشد بهتراست. اما اگر مانیتور را طوری گذاشتید که ناچار هستید سرتان را بالا بگیرید یا بچرخانید، باید بدانید که حداقل دچار درد گردن خواهید شد، البته اگر بیماریهای دیگر به آن اضافه نشوند. کیبورد که همان صفحه کلید میباشد، نیز باید هم تراز با دست تان باشد. حتی اگر کمی پایین تر باشد بهتر خواهد بود. اما در صورتی که بالاتر باشد مچ دستتان دچار عارضه خواهد شد. (شکل ۲)

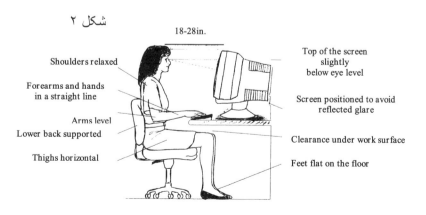

شکل ۲

18-28in.
Shoulders relaxed
Forearms and hands in a straight line
Arms level
Lower back supported
Thighs horizontal
Top of the screen slightly below eye level
Screen positioned to avoid reflected glare
Clearance under work surface
Feet flat on the floor

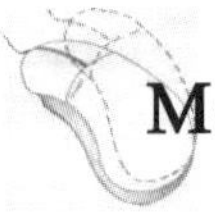

روش استفاده صحیح از ماوس (آقاموشه) Mouse

همانطور که در شکل شماره ۱ مشاهده کردید ماوس که همان موش میباشد (نترسید!!)، وسیله ای است که معمولا به کامپیوتر متصل میشود و در دست جای میگیرد. این وسیله باعث به وجود آوردن فلش یا Pointer در روی صفحه کامپیوتر میشود. با حرکت دادن ماوس در دستتان میتوانید فلش مزبور را به حرکت در آورید. بر روی ماوس دو دکمه (در کامپیوترهای IBM) و یک دکمه (در کامپیوترهای مکینتاش) قرار دارد. روش حرکت دادن ماوس باید به این صورت باشد، که وقتی ماوس را در دست دارید، اولا مواظب باشید که انگشتتان زیاد نزدیک کلیدهای ماوس نباشد زیرا درصورتی که دکمه ها اشتباهی فشار داده شوند (یا کلیک شوند) در واقع فرمان ناخواسته ای را برای کامپیوتر صادر کرده اید. نکته دوم این است که برای حرکت دادن ماوس باید فقط مچ دست خود را حرکت دهید، و نباید بازویتان حرکت کند. ماوس همواره در نقطه ثابتی قرار دارد، و با بلند کردن و کشیدن (Drag دِرَگ کردن) بر روی سطح صاف، فلش را به حرکت در میآورید. وقتی می خواهید چیزی را بر روی صفحه مانیتور انتخاب کنید، باید با انگشت خود خیلی سریع اما بدون این که دست تان تکان بخورد، بر روی دکمه چپ ماوس کلیک کنید.

البته ماوس ها بشکل دیگری بخصوص در کامپیوترهای Laptop (کامپیوترهای کوچک که قابل حمل و نقل میباشند) دیده میشوند.

متداولترین آن، از نوع Touch Pad (تاچ پَد) بوده که با تماس انگشت شما بر روی صفحه کوچکی که در قسمت پائین کیبورد قرار دارد و تقریبا به مساحت دو انیچ در دو انیچ میباشد، فلش ماوس قابل حرکت میشود.

فرق یک کلیک و دو کلیک (دابل کلیک)

در خاتمه به خاطر داشته باشید که یک کلیک منفرد، برای انتخاب کردن، و دوکلیک پشت سرهم (که به آن دابل کلیک نیز گفته میشود) برای باز کردن پرونده و یا پروگرام است. همیشه بعد از دو کلیک انتظار دارید که ویندو، یا پنجره ای باز شود. چنانچه ویندویی را مشاهده نکردید، به معنی این است که هنگام کلیک کردن دستتان تکان خورده است و یا سرعت دو کلیک متوالی کافی نبوده و کامپیوتر هر کدام را به عنوان یک کلیک منفرد بکار گرفته است. در این حالت باید دو باره دو کلیک متوالی را به همان صورت که شرح داده شد، تکرار کنید. اگر نشانگر ماوس تان به صورت"ساعت شنی"شد، به معنی این است که باید صبر داشته باشید، و به چیزی دست نزنید، زیرا کامپیوتر در حال انجام کار میباشد. چنانچه این حالت بیش از چند دقیقه طول بکشد، نشان دهنده این است که اشکالی در کار وجود دارد و گاهی اوقات به جز خاموش و روشن کردن کامپیوتر چاره دیگری نخواهید داشت.

کار با صفحه کلید Using Keyboard

صفحه کلید یا کیبورد برای وارد کردن اطلاعات و فرمانهای کامپیوتر مورد استفاده قرار میگیرد. توجه داشته باشید که کلیدهای کیبورد با ماشین تحریرهای قدیمی متفاوت است. هنگام تایپ کردن نیازی نیست که کلیدهای کیبورد را محکم فشار دهید. در صورتی که انگشت خود را، حتی به مدت بسیار کوتاهی بر روی کلید مربوط به حرف، عدد، یا علامتی نگه دارید، آن را به صورت تکراری تایپ خواهید کرد. تنها کلیدهایی که میتوانید پایین نگه دارید، کلیدهای کنترل Ctrl و شِفت Shift میباشند. این کلیدها به تنهایی کاری انجام نمیدهند بلکه همواره با یک و گاهی همراه با دو کلید دیگر فرمانی را به کامپیوتر صادر میکند.

چگونه کامپیوتر خود را روشن کنیم

اگر کامپیوترتان از نوع کامپیوترهای بزرگ میباشد که مانیتور و سی پی یو آن از یکدیگر جدا میباشند، معمولا مانیتور و سی پی یو کلید روشن/خاموش مخصوص به خود را دارند، و به صورت مجزا روشن میشوند. این که کلیدهای مزبور در کجا واقع شده اند، بنده نیز مثل شما بی اطلاعم. زیرا کلید روشن/خاموش در هر کامپیوتر با کامپیوتر دیگر تفاوت دارد. اما در مورد این که ابتدا باید کدام یک از دو وسیله مزبور یعنی مانیتور یا سی پی یو روشن شود، باید گفت که تفاوت چندانی ندارد.

البته در کامپیوترهای Laptop که کوچک و هرسه
قسمت آن (یعنی مانیتور، کیبورد، و سی پی یو) به
صورت یکپارچه میباشند فقط یک کلید برای روشن و یا
خاموش کردن آنها وجود دارد.

(دسک تاپ) یا صفحه کار

وقتی که کامپیوتر را روشن میکنید اولین صفحه ای که
کامپیوتر نشان میدهد و تصویرهای کوچکی بر روی آن
مشاهده میشوند، صفحه کار یا دسک تاپ نامیده میشود.
هر کدام از تصویرهای کوچک بر روی این صفحه
(آی کان) Icon نامیده میشود. (شکل ۳)

شکل ۳

آی کانها نیز ، نشان دهنده پروگرام یا پرونده میباشند .
همان طور که در شکل شماره ۳ مشاهده کردید، در
گوشه پایین و چپ صفحه کار یا دسک تاپ دکمه ای به
نام Start (استارت) قرار دارد ، که به معنی "شروع"
میباشد . در امتداد دکمه استارت، ستونی باریک و افقی
قرار دارد که به آن Taskbar (تسک بار) میگویند . وظیفه
تسک بار نشان دادن تمام ویندو های بازشده میباشد . در
قسمتهای بعدی، این مطلب را بیشتر شرح خواهیم داد .
همانطوریکه از نام دکمه استارت یا شروع بر میآید، این
دکمه بر ای شروع کار با کامپیوتر مورد استفاده قرار
میگیرد . وقتی فلش یا نشانگر ماوس را بر روی دکمه
استارت قرار دهید و آن را کلیک کنید (یعنی کلید سمت
چپ ماوس را یکبار به صورت آهسته فشار دهید)،
بلافاصله چشمتان به جمال یک منیو نه مینو Menu (یا
لیست موجودیهای کامپیوتر) روشن خواهد شد.(شکل ۴
در صفحه بعد) . در بین اقلام موجود در این لیست،
میتوانید موارد گوناگونی را انتخاب کنید، که در ادامه
کار ، آنها را شرح خواهیم داد.
در سمت راست بعضی از این اقلام فلش کوچکی را
مشاهده میکنید.چنانچه نشانگر ماوس را بر روی نوشته
مزبور قرار دهید، مشاهده خواهید کرد که کامپیوتر
منیوی دیگری را در رابطه با نامی که بر روی آن قرار
دارد، ظاهر میکند. مثلا اگر نشانگر ماوس را بر روی
نام پروگرامز Programs ببرید، در منیوی بعدی فهرستی
از تمام پروگرامهای موجود در کامپیوتر را مشاهده
خواهید کرد. حالا برای این که بتوانید از منیوی اول به

منیوی دوم بروید، باید آهسته نشانگر ماوس را در نوار
رنگی مربوطه، که در انگلیسی به آن Highlight
(های لایت) میگویند، حرکت دهید، به طوری که نشانگر
ماوس تا رسیدن به منیوی بعدی در وسط نوار رنگی
مزبور حرکت نماید. سپس در صورت لزوم دست خود
را به سمت پایین یا بالا حرکت دهید. بعداز پیداکردن
گزینه مورد نظرتان، آن را یکبار کلیک کنید، تا کامپیوتر
پروگرام مزبور را برایتان باز کند.(شکل۴)

شکل ۴

چگونه کامپیوتر خود را خاموش کنید

۱. دکمه استارت را کلیک کنید.

۲. گزینه Turn Off Computer و یا Shut Down را کلیک کنید. در اینجا باید کادری را ببینید که تایید فرمان خاموش کردن کامپیوتر را از شما درخواست میکند و دارای دو گزینه Shut Down و Restart میباشد (البته بسته به نوع کامپیوترتان ممکن است گزینه های دیگری مانند Stand By و غیره را نیز مشاهده کنید). در سمت چپ هر یک از گزینه های مزبور، دایره کوچکی قرار دارد. معمولا وسط دایره مربوط به گزینه Shut Down نقطه سیاه رنگی مشاهده میشود که نشان میدهد گزینه مزبور از پیش انتخاب شده است. در غیر این صورت باید در داخل آن دایره کوچک کلیک کنید. معمولا در ویندوهای XP در روی آیکان 🔲 یک کلیک کنید و با کلیک کردن بر روی آیکان فوق کامپیوتر بلافاصله خاموش خواهد شد.(شکل ۵)

۳. دکمه Yes را کلیک کنید.

شکل ۵

12

به این ترتیب بعد از چند لحظه پیامی را مشاهده میکنید که اعلام میکند حالا میتوانید بدون اشکال کامپیوتر خود را خاموش کنید. در این حالت میتوانید ابتدا مانیتور و یا سی پی یو را خاموش کنید، زیرا در نتیجه کار تفاوتی نخواهد داشت. کامپیوترهای جدیدتر در این مرحله بلافاصله به صورت خودکار خاموش میشوند. در این صورت فقط باید مانیتور را خاموش کنید. در کامپیوترهای لپ تاپ، کامپیوتر بعد از این فرمان به صورت خود کار خاموش میشود.

نکته: چنانچه کامپیوتر را با روشی غیر از این روش خاموش کنید، به کامپیوتر صدمه وارد کرده اید.

هارد درایو، فلاپی درایو، فلش درایو، و سی دی درایو

Hard Drive هارد درایو: تمام پروگرامها و اطلاعات کامپیوتر در هارد درایو و یا هارد دسک که در محل CPU قرار دارد جای گرفته اند.
نکته: درایو در کامپیوتر محلی است که دسک در آن قرار میگیرد.

Floppy Disk فلاپی دسک: فلاپی دسک که مخصوص کامپیوترهای قدیمی میباشد، بمنظور کپی دوم پرونده های تولید شده توسط مصرف کننده استفاده میشود.

Flash Drive فلش درایو: که امروزه بسیار متداول است بجای فلاپی دسک قدیمی استفاده میشود، با این تفاوت که صدها برابر بیشتر جای ذخیره فایلهای تولید شده توسط مصرف کننده را، دارا میباشد. برای استفاده از فلش درایو، باید آنرا درمحل USB Prot قرار دهید. پس از این عمل کامپیوتر یکی از حروف آلفابت را که معمولاً بعد از حروف متعلق به سی دی درایو میباشد، مانند :E را به آیکان این درایو که ممکن است بنام Removable Drive مشخص شده باشد، اضافه می نماید.
(تصاویر صفحه بعد مشاهده گردد)

CD Drive سی دی درایو: مانند فلش درایو برای ذخیره نسخه دوم پرونده ها، پروگرامهای کامپیوتری و بخصوص موزیک و فیلم استفاده میشود.
بطور کلی دونوع سی دی وجود دارد. CD ROM و CD Burner (برنر) و یا Writable (رایتبل) . تمام پروگرامهای کامپیوتری در روی سی دی رام CD ROM ضبط گردیده اند و هیچ کس قادر به دخل و تصرف در این سی دها نمیباشد. در عوض کامپیوترهائیکه دارای درایو سی دی برنر میباشند میتوانند در روی سی دی های خالی اطلاعات ضبط و یا فایلهای ذخیره شده را پاک نمایند. سی دی هائیکه DVD نامیده میشوند قادر به ذخیره چندین برابر بیشتر از CD های غیر DVD

میباشند. امروزه DVD های جدیدی در بازار موجود است که DVD+R DL گفته میشوند. DL بمعنای دابل لییر Double Layer میباشد. در این نوع دی وی دی ها تا ۴ ساعت فیلم قابل ضبط میباشد بعبارت دیگر ظرفیت آنها دوبرابر ظرفیت دی وی دی های معمولی است. البته لازم به تذکر است در صورتی میتوانید از دابل لییر دی وی دی استفاده کنید که کامپیوتر شما DVD+R DL درایو را داشته باشد.

اسامی درایوها بشرح زیر است:

A: (اِ کُلِن دو نقطه روی هم کُلِن گفته میشود) متعلق به فلاپی درایو

C: متعلق به هارد درایو

D: متعلق به CD drive در صورتیکه کامپیوتر دارای بیش از یک هارد درایو باشد، سی دی درایو حرف بعد از آخرین حرفی که برای هارد درایو استفاده شده را بخود تعلق میدهد.

E: در صورتیکه فلش درایوی را داخل کامپیوتر نمائید، بلافاصله حرف بعد از سی دی درایو را بخود اختصاص میدهد.

نکته: حرف :C همیشه متعلق به هارد درایو بوده و هیچ وقت قابل تغییر نمیباشد. ولی حروف دیگر بستگی به شرایطی که در بالا ذکر شد را دارند.

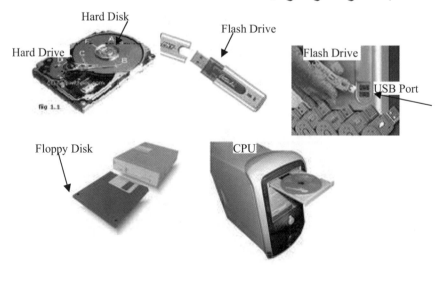

شناخت اجزای یک ویندو یا پنجره

همانطوریکه گفته شد هر بار که آی کانی را دوبار پشت سرهم کلیک کنید، کامپیوترتان ویندوی جدیدی را باز میکند که میتوانید داخل آن را مشاهده کنید. حالا اگر این آیکان مربوط به یک پروگرام باشد با این کار پروگرام مزبور باز خواهد شد، و میتوانید با آن کار کنید. در صورتی که آیکان مورد نظر، مربوط به یک پرونده باشد، پرونده مزبور را باز خواهید کرد و میتوانید داخل آنرا را بخوانید. نوع دیگر آیکان ها در رابطه با Folder "فولدر" یا پوشه میباشند. این آیکان ها در کامپیوترهای IBM یا مشابه، همواره به شکل پوشه ای زرد رنگ بوده و برای منظم کردن پرونده مورد استفاده قرار میگیرد. برای تشخیص File (پرونده) و Folder (پوشه) از یکدیگر، فقط کافی است شکل پوشه را در نظر داشته باشید. در صورتیکه آیکانی به هر شکل دیگری غیر از شکل فولدر باشد به آن فایل گفته میشود. البته شکل آیکان های مربوط به درایوها جدا از این قاعده میباشند. شکل۶ در صفحه ۱۷ را به دقت مورد توجه قراردهید و تمام اجزای یک ویندو را به خاطر بسپارید، چون در فصلهای آینده مرتب به آنها اشاره خواهیم کرد. اکنون به تشریح تک تک این اجزا خواهیم پرداخت.

کلوز مَکسی مایز مینی مایز
Maximize
Minimize
Close

تایتل بار
Title bar

شکل ۶

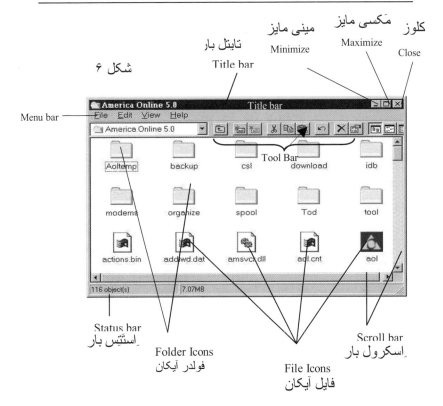

Menu bar

Tool Bar

Status bar
اِستَتِس بار

Folder Icons
فولدر آیکان

File Icons
فایل آیکان

Scroll bar
اِسکرول بار

Title Bar (تایتل بار) یا نوار عنوان

تایتل بار بالاترین قسمت ویندو میباشد، که نام ویندوی مزبور در آن دیده میشود. کلمه تایتل به معنی تیتر است.

Menu Bar (منیو بار)

منیوبار درست در زیر تایتل بار قرار دارد. کار منیوبار ارائه لیستی از تمام فرمانهایی است که در پروگرام مربوطه برای انجام کارهای مختلف مورد نیاز واقع خواهند شد. در صورت کلیک کردن هرکدام از

گزینه های موجود بر روی منیوبار، فهرستی از کارهایی که میتوانید در آن رابطه انجام دهید، ظاهر میشود. مثلا اگر گزینه File که بر روی منیوبار قرار دارد را کلیک کنید، لیستی از تمام فرمانهای مربوط به پرونده یا فایل، مانند فرمانهای چاپ کردن، ذخیره کردن، و غیره را مشاهده خواهید کرد. در صورتی که میخواهید سایر گزینه های ارائه شده در لیست را انتخاب کنید، فقط کافی است نشانگر ماوس را بر روی گزینه مزبور ببرید، و دکمه ماوس را یکبار کلیک کنید.

دکمه های Close (کلوز)، Maximize/Restore (مکسیمایز و ری اِستور)، Minimize (می نی مایز)

سه دکمه فوق که در گوشه بالا و راست تایتل بار هر ویندو قرار دارند همان طور که از نامشان برمیآید، به ترتیب برای بستن، بزرگ و یا به اندازه اولیه خود برگردانیدن، و یا کوچک کردن ویندوی مربوطه مورد استفاده قرار میگیرند.

Close یا بستن ویندو

با یک کلیک بر روی دکمه ویندو بسته خواهد شد، یعنی دیگر اثری از آن را، بر روی تسکبار مشاهده نخواهید کرد. درست مانند این که پرونده موجود بر روی

میز کار خود را بسته باشید و آن را به قفسه بایگانی باز گردانید.

Maximize بزرگ کردن ویندو تا حداکثر صفحه

وقتی بروی دکمه مکسیمایز کلیک کنید اندازه ویندو بزرگ خواهد شد به طوریکه تمام صفحه دسک تاب را میپوشاند. در صورتی که چندین ویندو بر روی صفحه کار داشته باشید با مکسیمایز کردن یک ویندو، تمام ویندوهای دیگر زیر آن قرار میگیرند بطوریکه دیگر نمیتوانید آنها را مشاهده کنید. اما از آنجا که لیست تمام ویندوهای باز شده بر روی تسکبار که معمولا در قسمت پایین دسکتاب قرار دارند مشاهده میشوند، برای دسترسی به هر کدام از ویندوهای دیگر فقط کافی است که نشانگر ماوس را بر روی تسکبار ببرید و آن را یک بار کلیک کنید. به این ترتیب بلافاصله ویندوی مورد نظر را مشاهده خواهید کرد.

Restore (ری استور) یا بر گشت به اندازه اولیه

هنگامی که ویندویی درحالت مکسی مایز میباشد دکمه ای که پیش از این به صورت یک مربع بود اکنون به صورت دومربع که بر روی یکد یگر قرار دارند ظاهر میشود. در این حالت دکمه مزبور برای ری استور کردن ویندو یعنی باز گرداندن آن به اندازه قبلی مورد استفاده قرار میگیرد.

▬ Minimize (مینی مایز) یا کوچک کردن ویندو تا حد اقل اندازه

با کلیک کردن بر روی دکمه مینی مایز ویندو از روی صفحه کار یا دسک تاب بر داشته میشود اما بر روی تسکبار باقی میماند. یعنی ویندوی مزبور هنوز باز است و با یک کلیک بر روی دکمه مربوطه واقع در تسکبار میتوانید آن را دوباره بر روی دسکتاب بیاورید. درست مانند این که به طور موقت با پرونده ای روی میز خود کار نداشته باشید اما نمیخواهید آن را در قفسه بایگانی قرار دهید. در این صورت پرونده را موقتا میبندید و آن را برای استفاده مجدد در گوشه ای از میز میگذارید تا در صورت نیاز بتوانید به سرعت به آن دسترسی داشته باشید

مشق شماره ۱:

آیکان My Computer را پیدا کنید، چنانچه بر روی دسکتاب واقع گردیده است با زدن دابل کلیک آنرا باز کنید. کسانیکه دارای ویندوی اکس پی میباشند آیکان مربوطه را باید با کلیک زدن روی دکمه Start و سپس با استفاده از منیوی داده شده، با یک کلیک بر روی گزینه My Computer، آنرا باز کنند. اکنون ویندوی My Computer در روی صفحه دسکتاب مشاهده میشود. معمولا در ردیف پایین کیبورد طرف چپ وهمچنین راست، دکمه ای وجود دارد که به آن کنترل کیی Ctrl میگویند(کیی بمعنی کلید). چنانچه این کلید را فشار دهید و بعد مثلا روی آیکان هارد درایو خود که :C میباشد دابل کلیک کنید، ضمن اینکه ویندوی جدیدی برای هارد درایو خود باز میکنید ویندوی سابق شما که My Computer میباشد همچنان بر روی دسکتاب باقی خواهد ماند و اگر شما روی تسکبار را مشاهده کنید دو عدد ویندو خواهید دید. همین کار را ادامه دهید و دو عدد آیکان فولدر که به رنگ زرد میباشند و همه انها در داخل ویندوی هارد درایو قرار دارند را باز نمایید.

نکته: در ویندوز اکس پی، وقتی که ویندوی هارد درایو را باز نمایید ممکن است که هیچ آیکانی را نشان ندهد در اینحالت در طرف چپ لیست فرمانهایی را میبینید که یکی از آنها چنین است: Show the contents of this drive

---

21

چنانچه فلش ماوس را برروی آن قرار داده و فقط یک کلیک بنمایید تمامی محتوای داخل هارد درایو دیده خواهد شد، یعنی تمام فایل و فولدرهای موجود.
پس از مشاهده فولدرها با فشار دادن کلید Ctrl دو عدد فولدر دیگر نیز باز نمایید. اکنون که ۴ ویندوز در روی صفحه دسکتاب دیده میشود فرمانهای می نی مایز، مکسی مایز، ری استور، و کلوز را روی همه آنها تمرین نمائید.

Moving (موووینگ) یا جا به جا کردن ویندو

برای جابه جا کردن ویندوها بر روی صفحه کامپیوتر، فقط کافی است که نشانگر ماوس را بر روی تایتل بار ویندوی مورد نظر قرار دهید و کلیک کنید. سپس در حالی که همچنان کلید سمت چپ ماوس را بطرف پایین فشار میدهید (فقط مواظب باشید موش بیچاره را نکُشید!!!)، آن را به سمتی که مورد نظرتان میباشد حرکت دهید (به این عمل کلیک و دِرَگ نیز میگویند). در این حالت مشاهده خواهید کرد که تمام ویندو با حرکت دست تان جا به جا خواهد شد. بعد از این که محل ویندو را به میزان مورد نظر تغییر دادید، انگشت خود را از روی کلید ماوس بر دارید و موش را رها کنید (شکل ۷ در صفحه ۲۳)

شکل ۷

Changing Size   تغییر اندازه ویندو

اندازه های تمام ویندوها یی که باز کرده اید، قابل تغییر
میباشند. برای این کار، نشانگر ماوس را بر روی لبه
ویندو قرار دهید. وقتی شکل آن تغییر کرد، و به صورت
فلش دو طرفه ظاهر شد، دکمه چپ ماوس را کلیک کنید.
سپس در حالی که همچنان دکمه ماوس را پایین نگه
داشته اید، دست تان را در جهت مورد نظر حرکت دهید.
به این ترتیب میتوانید هر اندازه ای که مورد نظرتان
میباشد، برای ویندوی خود تعیین کنید. به خاطر داشته
باشید که اگر نشانگر ماوس به صورت افقی یا عمودی
ظاهر شود نشان دهنده این است که فقط میتوانید اندازه

ویندو را در همان جهت کوچک و بزرگ کنید. اما در صورتیکه نشانگر ماوس را بروی یکی از گوشه ها به خصوص گوشه پایین و راست قرار دهید، فلش دو طرفه با زاویه ۴۵ درجه ظاهر میشود. یعنی متوانید اندازه ویندوی خود را به صورت همزمان در جهت افقی و عمودی تغییر دهید.

Scroll Bar (اسکرول بار) یا ستون چرخش

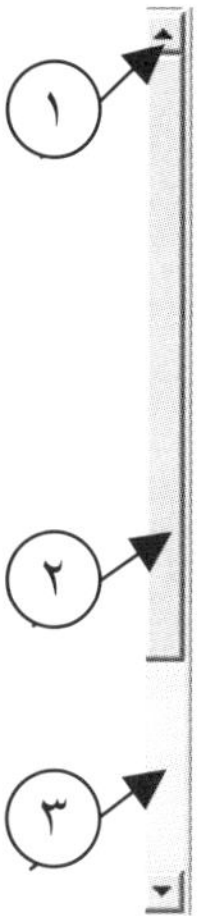

چنانچه آیکان های زیادی در ویندویی که باز کرده اید وجود داشته باشند، بطوری که با توجه به اندازه فعلی ویندو، نتوان تمام آنها را مشاهده کرد، کامپیوتر به صورت خودکار یک اسکرول بار در سمت راست و یا پایین ویندو ایجاد میکند. برای مشاهده سایر آیکان ها میتوانید اسکرول بار را به یکی از سه روش زیر مورد استفاده قرار دهید:

١. یکی از فلش های رو به بالا یا پایین (یا چپ و راست) را کلیک کنید. با هر بار کلیک کردن برروی فلش های مزبور، آیکانهای داخل ویندو به اندازه یک خط جابه جا میشوند، و میتوانید با دقت آیکان ها را مشاهده کنید.

٢. نشانگر ماوس را روی دکمه ای که در وسط اسکرول بار میباشد، قرار دهید و بعد از کلیک کردن بروی این دکمه ، همچنانکه انگشت چپ خود را بر روی دکمه

ماوس نگهه داشته اید، ماوس را به سمت با لا و پایین (و یا در صورت وجود اسکرول بار افقی، به سمت چپ و راست) حرکت دهید. ویژگی این روش افزایش سرعت اسکرول بار و حرکت آیکانها میباشد.

۳. نشانگر ماوس را در محلی داخل ستون قرار دهید، و آن را یکبار کلیک کنید. با این کار حرکت اسکرول بار سریعتر خواهد شد.

تعریف پرونده (File) و پوشه (Folder)

در قسمتهای قبلی به معنی این واژها اشاره کردیم. در اینجا کلمه های مزبور را کمی بیشتر شرح خواهیم داد. نامه ای که با استفاده از کامپیوتر مینویسید، پرونده یا فایل نامیده میشود. محلی که نامه مزبور در آن ذخیره میشود فولدر یا پوشه نام دارد. شما می توانید بجز هارد درایو که معمولا تمامی فولدرهای شما در داخل آن قرار گرفته است، بر روی فلاپی دسک هم پوشه داشته باشید. داشتن فولدرهای متعدد، برای مرتب و منظم کردن فایل ها یتان بسیار مهم و ضروری است.

مشق شماره ۲

دستور العمل مشق ۱ را انجام دهید و بعد از باز کردن ۴ ویندو آنها را مانند شکل شماره ۸ واقع در صفحه ۲۶ در کنار هم قرار دهید، بطوریکه هیچ فاصله ای بین آنها نباشد و چهار گوشه هر ویندو نیز دیده شود.

بعد از مرتب کردن ویندوها روی هرکدام از آنها به
ترتیب، فرمانهای "مکسیمایز، ری استور، می نی مایز،
ری استور، و بلاخره کلوز ر ا انجام دهید . (این تمرین ر ا
چند بار تکرار نمایید)

شکل ۸

فصل دوم

متن نویسی و یا نامه نگاری
Word Processing

چگونه یک نامه بنویسیم

تا بحال شما فرا گرفتید چگونه با پروگرام ویندوز که
Operating System کامپیوتر شما میباشد کار نمایید. بدون
فرمانهائیکه آموختید، هرگز قادر به انجام هیچگونه کاری
با کامپیوتر نخواهید بود. اکنون نوبت آن رسیده که از
کامپیوتر خود استفاده نمایید وبه اولین کار خود که
معمولا نوشتن یک نامه میباشد بپردازید.
شما برای نوشتن یک نامه نیاز به یک پروگرامی دارید
که به شما توان نوشتن را بدهد. این پروگرام درست
بمانند همان ماشین تحریری است که در دوران قبل از
کامپیوتر برای تایپ کردن مورد استفاده واقع میگردید.
اسم این نوع پروگرام وورد پراسسینگ Word Processing
میباشد. بنابراین از این ببعد باید بدانید که برای نوشتن هر
نامه ای شما به پروگرام وورد پراسسینگ نیاز دارید. از
معروفترین پروگرامهای وورد پراسسینگ پروگرام
مایکروسافت وورد Microsoft Word میباشد. اما چنانچه
شما نیاز زیادی به تایپ کردن نداشته باشید میتوانید بدون
هیچگونه هزینه ای از پروگرامی که جزئی از ویندوی
شما میباشد استفاده نمایید. اسم این پروگرام وورد پَد
WordPad میباشد.

نوشتن نامه از طریق پروگرام وورد پَد WordPad

۱. ابتدا دکمه **Start** و بعد به ترتیب گزینه های **Program, WordPad, Accessories** را کلیک کنید. به این ترتیب بلافاصله صفحه سفیدی در مقابلتان باز میشود که در قسمت بالای آن منیوبار و آیکان های متفاوت وجود دارند. در قسمت پایین این آیکان ها در گوشه بالا و سمت چپ صفحه، خط عمودی کوچکی در حال چشمک زدن است، که طول آن معمولا یک سانتیمتر است. این خط کُرسر **Cursor** نامیده میشود (لطفاً قبول زحمت فرمایید و این واژه را چندین بار با خود تکرار کنید زیرا بارها با آن سروکار خواهید داشت). همانطور که قبلا اشاره کردیم، **Cursor** (کُرسر) معادل خودکار یا قلم خود نویستان میباشد. بدون کُرسر نمیتوانید چیزی در کامپیوتر بنویسید. بنابراین همواره هنگام تایپ ابتدا به دنبال کُرسر بگردید و سپس تایپ کردن را شروع کنید (شکل۹، صفحه ۳۰).

اکنون که کرسر خود را میبینید متنی را که در زیر شکل ۹ قرار گرفته تایپ کنید. فقط به خاطر داشته باشید که در انتهای هر خط کلید **Enter** را فشار ندهید. خود کرسر شما اتوماتیک وار به خط بعدی منتقل میگردد. نکته دوم اینکه اشتباهات خود را هم تصحیح نکنید تا در قسمت بعدی که، روش تصحیح کردن متن را فرا گیرید.

شکل ۹

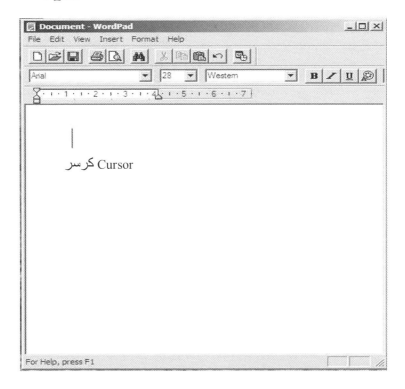

Watch the Screen While You Type!

The Thought of actually having a working "relationship" with your computer might sound strange. However, you do need this connection to avoid having trouble, and to be more successful at the computer. You will eventually understand that watching the screen while you type is the real secret.

ذخیره کردن فایل Saving a File (سیوینگ اِ فایل)

قبل از اینکه به تصحیح کردن متن نوشته شده خود بپردازید لازم است که سیو یا ذخیره کردن فایل خود را بیاموزید. سیو کردن از مهمترین مباحث یاد گیری کامپیوتر میباشد.

اصولا هر پرونده ای که در کامپیوتر بوجود میآورید، باید ذخیره شود. حتی اگربعد از چاپ (یا پرنت) به پرونده مزبور نیازی نداشته باشید. این بدان منظور است که اگر هنگام تایپ کردن، برای کامپیوتر اتفاقی افتاد، بطوریکه مجبور شدید کامپیوتر را خاموش کنید، آنچه که تا آن لحظه تایپ کرده اید، از دست ندهید.

برای سیو و یا ذخیره کردن فایل خود مرحله های زیر را دنبال کنید:

۱. کلمه File واقع در منیوبار را کلیک کنید.

با کلیک کردن بر روی کلمه فایل منیوئی را مشاهده خواهید کرد که گزینه های متعددی را در مورد فایل فعلی در اختیارتان قرار میدهد. دو گزینه آن در مورد ذخیره کردن میباشد. که عبارتند از Save و Save As (سیو اَز). گزینه Save As به معنی این است که به کامپیوتر میگویید این پرونده را با نامی که برای آن مشخص خواهید کرد در فولدر مورد نظرتان ذخیره کند. بنابر این اولین بار باید گزینه Save As را برای ذخیره کردن آن انتخاب کنید. زیرا گزینه Save As کادری را در

مقابل تان باز میکند که بتوانید پرونده را نامگذاری و محلی را برای ذخیره کردن آن انتخاب کنید. اگر بعد از این که فایل خود را سیو کردید، تغییری در آن دادید، (مثلا پاراگراف دیگری به نوشته خود اضافه کردید)، برای ذخیره کردن پاراگراف بعدی، دیگر به گزینه Save As نیاز نخواهید داشت. در این حالت فقط کافی است گزینه Save را انتخاب کنید. زیرا دیگر لازم نیست کامپیوتر نام و محل ذخیره کردن فایل را از شما بپرسد و بدون ظاهر کردن کادر Save As فایل تان را ذخیره خواهد کرد. باید عادت کنید که هر ۵ دقیقه یکبار فایل خود را سیو کنید.

۲. گزینه Save As را کلیک کنید.

به این ترتیب صفحه جدیدی برای سیو کردن در اختیارتان قرار میگیرد، که در کامپیوتر به آن (و سایر صفحه های مشابه) Dialog Box (دایالاگ باکس) و یا کادر مکالمه میگویند. (شکل ۱۰ درصفحه ۳۳)

۳. نام فایل خود را تایپ نمایید.

در قسمت پائین دایالاگ باکس شما عنوان File Name (فایل نیم) را میبینید. در قسمت جلوی آن محلی خالی را مشاهده خواهید کرد که کرسر داخل آن در حال چشمک زدن و به انتظار تایپ نام جدید برای فایل تان میباشد.

در صورت پیدا نکردن فولدر مورد نظر ،
در اینجا کلیک کنید

شکل ۱۰

محل تایپ اسم فایل

پس از تایپ اسم فایل و مشخص
کردن محل فایل، اینجا کلیک کنید

همچنین ممکن است متنی چند کلمه ای را در آن محل مشاهده کنید که روی آنها Highlight (هایلات) و یا بلوک شده است. در اینجا نیز وقتی تایپ کردن را شروع کنید نوشته شما جایگزین متن قبلی خواهد شد. نوشته هایلات شده در واقع نامی است که کامپیوتر به صورت موقت برای فایل شما انتخاب کرده است، تا این که خودتان نام جدیدی برای پرونده خود انتخاب کنید. در مورد نام فایل بهتر است قواعد آن را بدانید. اگر چه میتوانید تا ۲۵۶ حرف با استفاده از ایجاد فاصله بین حروف را برای نوشتن اسم فایل خود استفاده کنید، ولی بهتر است که اسم فایل شما بیش از یک یا چند کلمه نباشد و در ضمن ازکاراکترهای (/ ؟ : * < >) استفاده نکنید. اسم فایل باید بیان کننده متن داخل فایل باشد بطوریکه با دیدن اسم فایل بتوانید دقیقاً موضوع فایل را تشخیص دهید.

۴. محل ذخیره کردن فایل را انتخاب کنید

در قسمت بالای دایالاگ باکس یا کادر مکالمه، عبارت دو کلمه Save In (سیو این) را مشاهده خواهید کرد. در قسمت جلوی عبارت Save In محل سفید رنگی را مشاهده میکنید که معمولا اسم فولدری بنام My Documents (مای داکیومنتس) بمعنی پرونده های من، در آن دیده میشود. این فولدر محلی است برای ذخیره کردن فایل های شما البته شما در مکان های دیگر کامپیوتر خود نیز میتوانید فایل های خود را ذخیره کنید، ولی در حال حاضر که شما تازه شروع بکار کردید همین فولدر مای داکیومنت کافیست. بطور کلی هر اسمی که در آن محل دیده شود محلی است که فایل شما در آن ذخیره میگردد و شما باید از آن آگاه باشید.

۵. دکمه Save را کلیک کنید. شکل ۱۰ در صفحه ۳۳

اکنون دیگر خاطرتان آسوده است، زیرا آنچه که تا این لحضه تایپ کرده اید. سیو شده است. بخاطر داشته باشید که هر ۵ دقیقه یکبار، تغییراتی که در فایل خود ایجاد میکنید، را سیو نمائید. از این ببعد، دیگر به گزینه Save As نیاز ندارید. یعنی فقط کافی است در منیوی File گزینه Save را انتخاب کنید.

شکل ۱۱ Keyboard

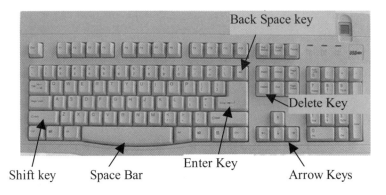

Back Space key
Delete Key
Shift key
Space Bar
Enter Key
Arrow Keys

غلط گیری متن تایپ شده

بر روی کیبورد و یا صفحه کلیدتان چندین دکمه وجود دارد که برای تصحیح متن تایپ شده مورد استفاده قرار میگیرند. اگر به قسمت پایین و سمت راست کیبورد خود توجه کنید، چهار کلید فلش دار و یا Arrow Keys را مشاهده خواهید کرد.

این کلیدها میتوانند کُرسر را فقط در بخشی از صفحه که حاوی متن تایپ شده میباشد جا بجا کنند. یعنی در محلی که نوشته ای وجود نداشته باشد، نمی توانید کُرسرتان را جا بجا کنید. روش دیگر جا بجا کردن کُرسر استفاده از ماوس است. نشانگر ماوس وقتی بر روی متن قرار گیرد، به شکل I (میله) خواهد بود. در این حالت اگر ماوس را در میان متن کلیک کنید، کرسرتان هر سمت که باشد به آن نقطه انتقال مییابد.

پس از این که کرسر را در محل مورد نظر قرار دادید،
چنانچه بخواهید حرف و یا حروفی را پاک و یا دیلیت
کنید، باید یکی از دو کلید دیلیت Delete و یا بَک اِس پیس
Backspace که هر دو عمل پاک کردن متن تایپ شده را
انجام میدهند استفاده کنید . تفاوت کلیدهای مزبور در این
است که Backspace سمت چپ کرسر، و Delete سمت
راست آن را پاک میکند. به خاطر داشته باشید که وقتی
متن انگلیسی را تایپ میکنید، حروف تایپ شده به سمت
چپ کرسر اضافه میشوند. در ضمن برای نوشتن حرف
بزرگ باید یکی از کلیدهای شِفت Shift واقع طرف چپ و
یا راست کیبورد خود را پائین نگهه داشته و کلید حرف
مورد نظر را فشار دهید (شکل ۱۱ صفحه ۳۵)

مشق شماره ۳:

با استفاده از کلیدهای فوق حدود ۱۵ دقیقه به ایجاد تغییر
وتحول و تصحیح متن تایپ شده بپردازید. بعد از غلط
گیری فایل خود را دوباره سیو کنید.

باز کردن فایل یا پرونده ذخیره شده

اکنون که تمامی اشتباها ت خود را تصحیح کردید و بطور کلی تصحیح کردن را آموختید، میخواهیم تمرین خارج شدن از فایل و دوباره باز کردن آنرا بنماییم.

خارج شدن از فایل: برای خارج شدن از فایل دو راه موجود است. راه اول؛ با کلیک کردن بر روی دکمه X که در گوشه سمت راست بالای صفحه قرار دارد؛ و راه دوم؛ با کلیک کردن بر روی کلمه File واقع در منیو بار و سپس کلیک بر روی گزینه Exit میباشد.

باز کردن فایل:

۱. کلیک روی کلمه File واقع در منیو بار

۲. کلیک روی گزینه Open (کادری جدید مربوط به باز کردن فایل باز میشود)

۳. در قسمت بالای کادر جدید بدنبال Look In بگردید. درجلوی آن کادر سفید کوچکی را مشاهده میکنید که معمولا اسم همان فولدر My Documents که فایل خود را قبلا در آنجا ذخیره کرده بودید، دیده میشود و در کادر پایین تر آن، اسم فایل شما قرار دارد. با دیدن نام فایل خود روی تصویر آیکان فایلتان(نه اسم آن) دابل کلیک کنید. بلافاصله بعد از دابل کلیک کردن باید فایل شما بر روی صفحه مانیتور ظاهر گردد. چنانچه بعد از دابل کلیک

کردن فایل شما در روی صفحه مانیتور دیده نشد ، حتما دستتان در موقع دابل کلیک کردن تکان خورده و باید دوباره دابل کلیک بنمائید.

اما در صورتیکه My Documents را در داخل کادر سفید مقابل Look In ندیدید، باید در داخل آن کادر کلیک کنید ودر لیست داده شده گزینه My Documents را انتخاب بنمایید تا بتوانید فایل خود را پیدا کنید. سپس با دابل کلیک کردن بروی اسم فایل خود، فایلتان باز میگردد و در روی صفحه مانیتور ظاهر میشود. (شکل۱۲)

شکل ۱۲

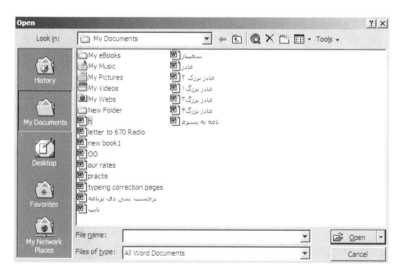

عوض کردن شکل ظاهری متن

قبل از اینکه بیآموزید چگونه شکل ظاهری متن خود را عوض کنید، باید بدانید چگونه به کامپیوتر خود بفهمانید که چه قسمت از متن شما باید عوض شود. یعنی آن قسمتی که قرار است تغییر اندازه و یا تغییر رنگ داده شود کدام است. مثلا اگر قرار است کلمه ای را بزرگتر بنمائید باید بطریقی آن کلمه را برای کامپیوتر مشخص نمائید. این امر با Highlight (هایلات) و یا بلوک کردن انجام میگیرد.

متن هایلات شده

چگونه نوشته ای را هایلات (بلوک) کنید
در حالی که نشانگر ماوس به شکل حرف I انگلیسی
میباشد، آن را در ابتدا و یا انتهای نوشته مورد نظرتان
قرار دهید. سپس کلید سمت چپ ماوس را کلیک کنید.
در حالی که انگشت خود را همچنان بر روی کلید ماوس
فشار داده اید، ماوس را روی متن مورد نظر حرکت

شکل ۱۲

چگونه نوشته ای را هایلات (بلوک) کنید

در حالی که نشانگر ماوس به شکل حرف I انگلیسی میباشد، آن را در ابتدا و یا انتهای نوشته مورد نظرتان قرار دهید. سپس کلید سمت چپ ماوس را کلیک کنید. در حالی که انگشت خود را همچنان بر روی کلید ماوس فشار داده اید، ماوس را روی متن مورد نظر حرکت دهید (این حرکت میتواند در هر جهتی، راست، چپ، بالا، و پائین باشد)، به طوری که آن قسمت به طور کامل هایلات شود. سپس انگشت خود را از روی ماوس بردارید(شکل ۱۲). گاهی اوقات چنانچه ماوس در حاشیه

چپ خط نوشته شده قرار بگیرد، به شکل فلشی ظاهر میشود، که جهت آن به سمت داخل صفحه میباشد. اگر در این حالت ماوس را کلیک کنید، تمام خط با یک کلیک هایلات میشود. اگر در حالی که کلید ماوس را همچنان که فشار داده اید آن را به سمت پائین حرکت دهید، تمام خطهای بعدی نیز هایلات میشوند.

برداشتن هایلات توسط ماوس:

برای برداشتن هایلات و یا بلوک از روی مطالب انتخاب شده، فقط کافیست که محل دیگری در داخل پرونده یا متن انتخاب شده را کلیک کنید (بدون آنکه دستتان تکان بخورد.) طریق دیگر اینست که یکی از فلش های چهارگانه واقع در روی کیبورد خود را فشار دهید.

نکته مهم: چنانچه به جز یکی از فلش های روی کیبورد، کلید مربوط به هر حرف یا رقم دیگری را فشار دهید، کامپیوتر تمام آن نوشته هایلات شده را، (حتی اگر صدها صفحه باشد)، با حرف یا رقم مزبور جایگزین خواهد کرد. این قانون در مورد کلیدهایی که برای حذف حروف، و یا فاصله بین کلمات استفاده میشوند، نیز صادق است.

نکته دیگر اینکه در یک زمان نمیتوانید بیش از یک قسمت هایلات شده، داشته باشید. یعنی نمیتوانید هم خط سوم و هم مثلا خط هفتم را با هم در یک زمان هایلات کنید.

بر طرف کردن رفع اشتباه Undo

چنانچه اشتباهاً کلیکی کردید و یا دکمه ای را فشار دادید
که در اثر آن کامپیوتر شما فعل و انفعالاتی را انجام داد
که مورد نظر شما نبود، برای باز گشتن به حالت اول
روی کلمه Edit واقع در منیو بار کلیک کنید و سپس
گزینه Undo را انتخاب کنید. با اینکار همه چیز با حالت
اول یعنی قبل از اشتباه بر میگردد. (شکل ۱۳)

شکل ۱۳

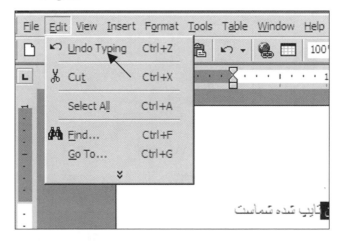

تغییر اندازه خط

۱. متن مورد نظر را های لایت یا انتخاب کنید.

۲. نشانگر ماوس را بر روی کلمه Format و بعد هم
روی گزینه Font کلیک کنید.

۳. در کادر داده شده بعدی در قسمت Size یکی از شماره ها را انتخاب نمائید. در اینجا لازم است که بدانید شماره ۷۲، برابر یک اینچ، و ۳۶، نیم اینچ، ۱۸، یک چهارم اینچ است. بهر تقدیر هر چه شماره بالا تر باشد حروف شما درشت تر خواهد بود. برای دیدن بقیه شماره ها از اسکروبار واقع در سمت راست ستون شماره ها استفاده کنید.

۴. روی دکمه OK کلیک کنید.(شکل ۱۴)

شکل ۱۴

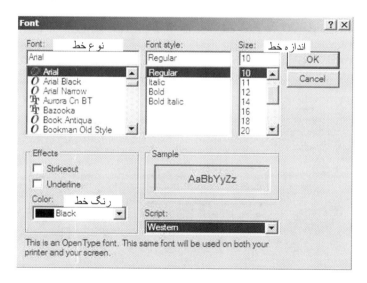

تغییر رنگ حروف

در اینجا نیز تمام مراحل تغییر اندازه را انجام دهید فقط در قدم سوم بجای کلیک کردن بر روی قسمت مربوط به اندازه، در داخل کادر کوچک زیر Color که در قسمت پائین تر کادر قرار دارد کلیک کنید تا جدول رِنگها نمایان شود. سپس روی رنگ مورد نظر خود کلیک کنید و در مرحله آخر روی دکمه OK کلیک کنید.

تغییر نوع خط یا قلم Changing Font

نوع قلم و یا خط شما نیز مانند تغییر اندازه خط میباشد با این تفاوت که باید در زیر قسمت Font کلیک کنید تا از لیست داده شده، فانت مورد علاقه خود را انتخاب کنید.

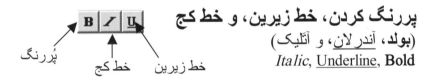

پررنگ کردن، خط زیرین، و خط کج

(**بولد**، <u>آندرلان</u>، و آتلیک)
Italic, <u>Underline</u>, **Bold**

پُررنگ
خط کج
خط زیرین

برای اجرای این سه فرمان گرچه مانند فرامین قبل میشود اجرا کرد، ولی این دفعه شما راه ساده تری را میآموزید:

۱. متن مورد نظر خود را هایلات نمائید

۲. در نوار واقع در زیر منیو بار که تول بار Tool Bar نامیده میشود آیکانهای B I U را مشاهده میکنید. چنانچه روی دکمه B کلیک کنید رنگ خط شما پررنگ

میشود. دکمه خط شما را کج و دکمه برای شما خط زیرین بوجود میآورد.

تنظیم موقعیت خط در صفحه

تنظیم موقعیت خط در صفحه، حالتهای چپ چین، Align Left, راست چین، Align Right و وسط چین، Center را شامل میشود. برای اینکه بخواهید مثلا تیتری که برای متن خود نوشته اید را در وسط صفحه قرار دهید فقط کافیست که کرسر خود را در روی خط مورد نظر بگذارید، و سپس با ماوس خود روی آیکان سنترکلیک کنید. بهمین ترتیب میتوانید تمام پاراگراف خود را چپ چین و یا راست چین کنید بشرط اینکه کرسر شما در داخل پاراگراف مورد نظر خود قرار گرفته باشد. (شکل ۱۵)

شکل ۱۵

تنظیم خط از طرف چپ
تنظیم خط از طرف راست
تنظیم خط از وسط

پرنت و یا چاپ کردن پرونده Printing Document

چاپ کردن متن تایپ شده تان بسیار آسان است. چنانچه روی قسمت نوار ابزار و یا تول بار، آیکان Print را دیدید، روی آن کلیک کنید. در این حالت فایل تان هر چند صفحه که باشد، یکباره به داخل پرنتر (ماشین چاپگر) فرستاده میشود، تا چاپ گردد. راه دوم شما برای پرنت کردن اینست که در روی کلمه File واقع در نوار منیو بار و بعد هم در روی گزینه Print کلیک کنید. در کادر پرنت فقط کافیست که در روی دکمه Print کلیک نمایید.(شکل ۱۶)

شکل ۱۶

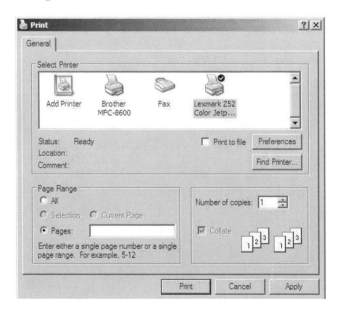

فصل سوم
استفاده از ایمیل و شبکه اینترنت

برای ورود به شبکه اینترنت و استفاده از ایمیل، کامپیوتر
شما باید دارای دو چیز باشد. اول، محلی که بشود سیم
تلفن را به کامپیوتر وصل کرد. به آن محل Modem
میگویند. اگرکامپیوتر شما به جای مودِم از خط سریع
دی اس ال DSL استفاده میکند بجای مودِم شما دارای
نِتورک کارد میباشید و سیمی که به نِتورک کارد
کامپیوتر متصل میگردد از سیم معمولی تلفن ضخیم تر
میباشد. دوم، داشتن پروگرامی که مربوط به شبکه
اینترنت باشد و توسط آن پروگرام بتوانید با دیگران که
در شبکه اینترنت میباشند ارتباط بر قرار کنید. وقتیکه
کامپیوتر شما متصل به شبکه اینترنت است و شما نیز در
حال استفاده از اینترنت و یا ایمیل هستید، اصطلاح
کامپیوتری آن اینست که شما آنلاین Online هستید. این
واژه را بخاطر بسپارید که از این ببعد آن را زیاد خواهید
شنید.

شروع کار با اینترنت

از قدیم گفته اند که "بی مایه فطیر است" بدین معنا که
بدون خرج کردن هیچ کاری انجام نمیشود. منظور اینست
که برای آنلاین رفتن ماهانه باید مبلغی را که معمولا
ناچیز میباشد پرداخت نمائید. البته امکان رایگان بودن
استفاده از اینترنت در مواقع خاصی وجود دارد، ولی در
حال حاضر شما که مبتدی در استفاده کردن از اینترنت
هستید بهتر است از این نوع سرویس ها استفاده ننمائید.
معمولا تمام کامپیوترهای جدید دارای یک یا چند
پروگرام ارتباطی و یا آنلاین Online میباشند. از
معروفترین آنها پروگرام American Online و یا AOL
و پروگرام MSN متعلق به مایکروسافت میباشند. چنانچه
در کشوری هستید که احتمالا هیچکدام از این دو
پروگرامها در کامپیوتر شما نصب نگردیده است، معمولا
اداره تلفن محل، ممکن است فراهم کننده سرویس اینترنت
برای شما باشد. در غیر اینصورت از دوستانتان که از
شبکه اینترنت استفاده میکنند باید سئوال نمائید از چه
طریقی به اینترنت وصل میگردند.

چگونه کامپیوتر خود را به اینترنت وصل کنید

اگر شما آیکان پروگرامهای امریکن آنلاین  و یا مایکروسافت ام اس اِن  را در روی دسکتاب خود داشته باشید بعد از اتصال سیم تلفن به کامپیوتر، کافیست که بر روی آیکان پروگرام آنلاین مورد نظر دابل کلیک نمایید. و بعد از آن به سئوالاتی که پروگرام از شما میکند جواب بدهید. چنانچه به مشکل بر خوردید میتوانید از کسی که بیشتر وارد به کامپیوتر باشد کمک بگیرید. معمولا این کار، کار پیچییده ای نمیباشد و هر کس با قدری اطلاعات بیشتر در کامپیوتر میتواند به شما کمک کند. (البته برای اینکه وارد مسائل تکنیکی نشوید از توضیح آن خوداری میشود). باید بخاطر داشته باشید که این کار در واقع باز کردن حساب و حق اشتراک دادن به سرویس دهنده اینترنت میباشد. بنابراین در هیمن جا از شما نحوه پرداخت حق اشتراک را سئوال خواهند کرد.

Screen Name و Password

وقتیکه شما برای اولین بار پروگرام اینترنت خود را نصب مینمائید، در موقع نصب باید برای خود اسکرین نیم و پَسوورد انتخاب نمائید.
اسکرین نیم یا لاگ این Log in آدرس اینترنتی و ایمیل شما میباشد که آنرا به همه میدهید که بتوانند به شما ایمیل بفرستند. مثلاً آدرس ایمیل من Saffarzadeh@aol.com یا آدرس ایمیل دیگر Forgrannies@hotmail.com میباشد که هر دو اینها اسکرین نیم و یا لاگ این نیم و گاهی هم یوزر نیم Username نامیده میشوند. قسمت اول یا طرف چپ علامت @ (اَت) (حرف بالای رقم ۲ روی کیبورد.) اسمی است که خود من انتخاب کرده ام و میتواند هر اسمی که بخواهم باشد. اما اطلاعات طرف راست @ مربوط به سرویس دهنده اینترنتی من میباشد. پَسوورد بیشتر اوقات فقط برای وارد شدن به قسمت ایمیل خواهد بود. البته در پروگرام امریکن آنلاین بدون پسوورد نمیتوانید داخل پروگرام گردید. نکته مهمی که در مورد پَسوورد باید توجه داشته باشید، اینست که پَسوورد شما باید ساده باشد برای خودتان که یادتان نرود و سخت باشد برای دیگران که نتوانند آنرا حدس بزنند. فکر بسیار خوبی است که همیشه پَسوورد شما ترکیبی از رقم و حروف باشد. چون این باعث میشود که کسی نتواند بهیچ وجه پسوورد شما را حدس بزند.

یادآوری: لازم به تذکر است که چنانچه کسی دیگری در امر نصب پروگرام آنلاین بشما کمک میکند، در موقع انتخاب پسوورد، خودتان آنرا تایپ نمائید و نگذارید کسی از آنچه تایپ کرده اید مطلع گردد.

ورود به اینترنت از طریق امریکن آنلاین

چنانچه از پروگرام امریکن آنلاین بخواهید استفاده کنید فقط کافیست که بر روی آیکان AOL دابل کلیک کنید. پس از چند ثانیه پروگرام باز میشود و صفحه Sign On ظاهر میگردد.(شکل١٧)

شکل ١٧

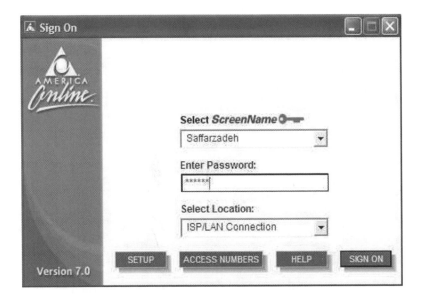

همانطوریکه در شکل۱۷ مشاهده میکنید، در این صفحه باید اسکرین نیم خود را انتخاب کنید. در پروگرام امریکن آنلاین تا ۷ نفر میتوانند با داشتن یک حساب، آدرس ایمیل و یا اسکرین نیم داشته باشند و تمامی اسکرین نیمها در قسمت اسکرین نیم جای گرفته اند و چنانچه شما اسکرین نیم خود را ندیدید کافیست که در کادر کوچک واقع در زیر قسمت اسکرین نیم کلیک کنید تا بتوانید از روی لیست داده شده اسکرین نیم خود را انتخاب کنید. (شکل۱۷صفحه۵۱)

قدم بعدی شما اینست که پَسوورد خود را تایپ کنید. وقتی پسوورد خود را تایپ میکنید حروف پسوورد شما بشکل ستاره ***** تایپ میشوند. این بدان منظور است کسی نتواند پسوورد شما را بخواند. و بلاخره آخرین مرحله اینکه روی دکمه Sign On کلیک کنید. پس از چند ثانیه وارد اینترنت و پروگرام امریکن آنلاین شده اید. (البته فرض بر اینست که شما در موقع نصب کردن پروگرام امریکن آنلاین شماره مخصوص اتصال به آنلاین یا Access Number را مشخص کرده اید و اکنون پروگرام آماده استفاده است.

ورود به اینترنت از طریق MSN

در اینجا چند حالت ممکن است وجود داشته باشد. ـ اگر کامپیوتر شما جدید باشد و تا بحال کسی آنرا متصل به اینترنت نکرده باشد کافیست که روی آیکان  دابل کلیک نمایید و بعد هم با جواب دادن سئوالات ساده آن

بشرط اینکه سیم تلفن شما به کامپیوتر وصل باشد میتوانید برای خود حساب تازه با آدرس ایمیل تازه باز نمایید. ـ اما چنانچه قبلا کامپیوتر شما به اینترنت متصل بوده است، تنها کار شما فقط دابل کلیک کردن بروی آیکان فوق میباشد. با اینکار شما وارد شبکه اینترنت میشوید. اما شما دارای ایمیل متعلق بخودتان هنوز نمیباشید. البته درست کردن ایمیل که بزودی آنرا فرا خواهید گرفت امری ساده و رایگان است.

گشت و گذار در داخل شبکه اینترنت

پس از اینکه کامپیوتر شما به شبکه اینترنت متصل گردید، (منظور از نظر کارهای تکنیکی اولیه) چنانچه بخواهید گشت و گذاری در داخل شبکه جهانی اینترنت داشته باشید، فقط کافیست که روی آیکان آنلاین خود مانند آیکان  و یا  و یا و هر آیکان شکل دیگری که میدانید شما را به اینترنت متصل میکند، دابل کلیک نمائید. پس از چند ثانیه شما وارد شبکه اینترنت میشوید. البته در مورد پروگرام آمریکن آنلاین قبلا توضیح داده شد، و در مورد پروگرامهای دیگر برای ورود به اینترنت از شما پسوورد خواسته نخواهد شد بلکه فقط در موقع ورود به قسمت ایمیل که بعداً توضیح خواهیم داد نیاز به نوشتن پسوورد دارید.

خوش آمدید به دنیای بی کران اینترنت. گلستانی پر از گل و خار. حتما میخواهید بدانید که حالا چگونه باید شروع به گشتن نمائید. بسیار ساده، فقط هر مطلبی که میبینید و

میخواهید راجع به آن بیشتر بدانید، کافیست که فلش
ماوس خود را در روی آن مطلب ببرید معمولا بر روی
عنوان ها و تیترها. اگر فلش ماوس شما تبدیل به شکل
دست گردید معنی آن اینست که آن تیتر و یا عنوان متصل
است به یک توضیحات و اطلاعات بیشتری و با زدن
یک کلیک میتوانید دسترسی به آن اطلاعات داشته باشید.
پس از کلیک کردن و مشاهده نمودن مطالب مورد نظر ،
چنانچه بخواهید برگردید به صفحه ای که قبلا در آن
بودید باید فلش ماوس را در قسمت بالای چپ مانیتور
خود برده و روی فلش دست چپ  (در آمریکن
آنلاین) و یا آیکان  (در پروگرام های
آنلاین دیگر) کلیک نمائید. در واقع این دو فلش مثل ورق
زدن بطرف راست و یا چپ است. در ضمن فراموش
نفرمائید که حتماً از وجود مبارک اسکرول بار که
معمولاً در قسمت راست و گاهی هم پائین صفحه قرار
گرفته است، برای دیدن قسمت های بیشتر صفحه استفاده
نمائید.

بدنبال چیزی گشتن در شبکه اینترنت

پس از اینکه مدتی به گشت وگذار پرداختید ممکن است راجع به مطلب و یا موضوع خاصی بخواهید آگاهی پیدا نمائید. برای اینکار دو راه موجود است.

- اول اینکه در هر پرواگرام آنلاینی که باشید، بدنبال کلمه Search (سِرچ به معنی جستجو) بگردید.

در کنار کلمه Search معمولا نوار سفید رنگی وجود دارد که برای نوشتن بکار میرود. طریقه استفاده کردن از آن به این صورت است که ابتدا فلش ماوس را در داخل کادر نوار سفید رنگ برده، وقتی که فلش بشکل I گردید یک کلیک کنید. با کلیک کردن شما، کُرسر در این کادر قرار میگیرد. اکنون هر چیزی که میخواهید در موردش اطلاعاتی داشته باشید، د راین محل تایپ نمائید.

مثلا اگر تایپ کنید

و بعد هم روی دکمه Search کلیک کنید، بلافاصله پروگرام آنلاین شما ظرف کمتر از چند ثانیه هر جائیکه در مورد تاریخ ایران مطلبی نوشته باشد را در روی صفحه بعدی ظاهر مینماید. در اینجا شما باید با خواندن تیترهای داده شده در رابطه با تاریخ ایران، تیتری که بیشتر مورد نظرتان میباشد را، با یک کلیک روی قسمتی که دارای زیر خط میباشد باز نمایید. چنانچه خواستید برگردید به صفحه قبل، روی دکمه Back کلیک میکنید و یا هم اگر پروگرام شما غیر از آمریکن آنلاین باشد میتوانید آن ویندویی را که نمیخواهید ببندید. (شکل ۱۸)

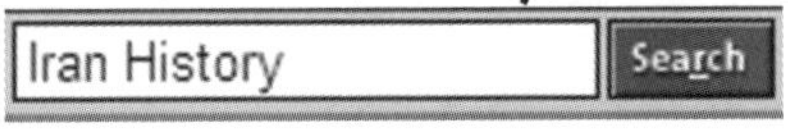

شکل ۱۸

چند نکته مفید برای گشتن مطالب در شبکه اینترنت

پس از اینکه شما مدتی در جستجوی مطالب گوناگون بودید. متوجه خواهید شد که در خیلی مواقع نتیجه آنچه که پیدا شده بیش از صدها هزار و گاهی هم میلیون خواهد بود. این بدان دلیل است که مثلاً اگر شما در محل Search مینویسید Music In Iran پروگرام آنلاین شما به دنبال هر فایلی که در آن کلمه موزیک و هر فایلی که در آن کلمه ایران باشد را برای شما در لیست پیدا شده های خود میگذارد. اینست که شما با یک رقم ۳۸۲۰۰۰ مواجه میشوید. چنانچه همین درخواست خود را داخل (کوتیشن مارک"*Music In Iran*") قرار دهید نتایج پیدا شده از رقم فوق به ۳۲۵ کاهش پیدا خواهد کرد. در اینجا متوجه میشوید که هیمن علامت " ناقابل چقدر تاثیر قابلی دارد. البته معنی "" اینست که به کامپیوتر میگویید فقط

دنبال مطالبی بگرد که دقیقا بدین شکل در کنار یکدیگر قرار گرفته باشند. ولی بدون "" به کامپیوتر میگوئید به دنبال مطالبی بگرد که همه و یا حداقل یکی از این کلمات در داخل فایل پیدا شده دیده شود. بنابراین وقتی که مطمئن هستید که کلمات دقیقا به چه شکلی در کنار هم هستند بهتر است که از علامت "" استفاده نمایید.
معمولا وقتی که نتایج پیدا شده بیشتر از آن باشد که بتوان در یک صفحه دید، چنانچه اسکرول به طرف پائین نمائید در آخر صفحه، دکمه Next را مشاهده میکنید و با کلیک کردن بر روی آن صفحه دیگری داده خواهد شد که به ترتیب بقیه نتایج یافت شده را مشاهده خواهید کرد. البته همین که شما به صفحه بعدی وارد شدید در کنار دکمه Next دکمه دیگری بنام Previous (پریویوس) برای برگشت به صفحه قبلی دیده میشود.

Web Server and Web Site
وب سِرور و وب سایت چیست؟

تجسم کنید در یک مرکز خدمات توریستی شهر، تمام مشاغل، سازمانهای دولتی ، تجاری و فرهنگی، بروشورهای مربوط به فعالیتهای خود را برای در دسترس بودن علاقمندان در آن مرکز قرار داده اند. همین حالت هم در اینترنت وجود دارد. به کامپیوتری که حاوی تمام این گونه اطلاعات باشد Web Server گفته میشود. و به هر بروشوری که در داخل آن کامپیوتر قرار گرفته وِب سایت Web Site میگویند. صفحه اول هر بروشورهم، هُم پیج Home Page نامیده میشود. بنابراین

شما اگر بخواهید برای شغل خود وب سایتی تهیه نمایید ابتدا به یک طراح وب و یا Web Designer نیاز دارید تا اطلاعات لازم را از شما گرفته و درست مانند یک بروشور طراحی نماید. پس از اینکه کار جمع آوری اطلاعات و طراحی بپایان رسید آن طراح وب، باید وب سِروری را پیدا نماید تا بتواند وب سایت شما را در داخل آن وب سِرور جای دهد. البته با پرداخت اندک هزینه ای که معمولا بصورت ماهانه پرداخت میگردد. در شبکه جهانی اینترنت هزاران وب سِرور وجود دارند و در هر وبِ سِروری هم هزاران وب سایت. بنابراین درست مانند یک کتابخانه باید سیستمی وجود داشته باشد که پیدا کردن هر وب سایتی براحتی و سرعت انجام پذیر باشد. برای این منظور در امریکا تمام مشاغل گوناگون را طبقه بندی نموده اند. مانند

سازمانهای تجاری ،.....**Com**mercial

دولتی،.......................**Gov**ernment

آموزشی،.................**Edu**cational

غیر انتفاعی،.............**Org**anization

ارتشی،....................**Mil**itary

ارتباطی..................**Net**work

بدین صورت که مثلا اگر وب سایت شما متعلق به یک سازمان آموزشی است، پس از هر اسمی که برای وب سایت خود انتخاب کردید، باید در آخر اسم با اضافه کردن یک نقطه سه حرف اول کلمه Education که حروف Edu. میباشند را به اسم وب سایت خود اضافه کنید. البته تمام وب سایتها همیشه با سه حرف .www که مخفف World Wide Web و یا شبکه جهانی اینترنت میباشد شروع

میشوند. ویک نقطه هم به آن اضافه میشود. مثلا اگر وب
سایتی برای دانشگاه کالیفرنیا تهیه کردید و اسم آنرا
UCLA که مخفف دانشگاه کالیفرنیا است گذاشتید، آدرس
اینترنتی آن به این صورت خواهد بود: www.ucla.edu
در کشورهای دیگر معمولا دو حرف متعلق به آن کشور
به آخر اسم اضافه میشوند. برای نمونه علامات متعلق به
بعضی از کشورها به شرح زیر میباشند:

United Arab Emirates	.AE
Bahrain	.BH
Canada	.CA
Denmark	.DK
Finland	.FI
France	.FR
Germany	.DE
Israel	.IL
Iran	.IR
Italy	.IT
Japan	.JO
Kuwait	.KW
Norway	.NO
Sweden	.SE
Turkey	.TR
United Kingdom	.UK
United State	.US
South Africa	.ZM

بعنوان مثال آدرس زیر، آدرس دانشگاهی است در آلمان:
www.uni-stuttgart.de که همان de مشخص کننده نام کشور
است.

دسترسی سریع به وب سایت مورد نظر

روشی که در قسمت بالا برای گشتن و پیدا کردن وب سایت های مختلف استفاده کردید، به آن استفاده از موتور جستجوگر و یا سایت (سرچ اینجن Search Engine) میگویند. در شبکه اینترنت سایت هائی وجود دارند که کارشان جستجوکردن است. که یکی دو نمونه آنرا تجربه کردید. یکی از قویترین سایتهای جستجوگر سایت گوگِل www.google.com میباشد. اما همانطوریکه ملاحظه نمودید وقتی به دنبال چیزی میگردید سایت جستجوگر، تعداد زیادی سایت های مشابه را به شما نشان میدهد و شما باید یکی یکی آنها را باز کنید تا به سایت مورد نظر خود برسید. اما چنانچه شما آدرس اینترنتی سایت مورد نظرخود را داشته باشید دیگر نیازی نیست که از سایت جستجوگری استفاده کنید. کافیست که در قسمت بالای صفحه، به نواری که معمولا در سمت چپ آن کلمه آدرس Address نوشته شده توجه کنید. سپس در داخل آن نوار ادرس، یک کلیک نمائید. با کلیک کردن تمام ادرس موجود در آن نوار هایلایت میشود. اکنون ادرس اینترنتی مورد نظر خود را شروع به تایپ کردن بنمائید. پس از پایان تایپ کردن یا بر روی کلمه Go که در طرف راست نوار قرار گرفته کلیک میکنید و یا کلید Enter واقع در روی کیبورد را میزنید. پس از چند ثانیه مستقیما وارد سایت مورد نظر خود خواهید شد. اینست که همیشه خوب است آدرس سایت اینترنتی مورد نظر تان را یاداشت نمائید تا مستقیما بدون هدر کردن وقت وارد سایت خود گردید. (شکل ۱۹در صفحه بعد)

شکل ۱۹

البته اگر بخواهید وارد سایت جستجوگر گوگِل هم بشوید باید ادرس آنرا در قسمت نوار ادرس بنویسید و به این ترتیب وارد این سایت گردید.

از این ببعد با آنچه تا بحال آموختید باید قادر باشید در هر سایتی بروید وبا دنیای تازه اینترنت آشنا شوید. در اینجا من چند سایت ایرانی که دانستن آنها برای شما مفید است را درزیر نام میبرم:

www.farsidic.com

این سایت مانند دیکشنری فارسی و انگلیسی میباشد

www.daftar.org

این سایت دفتر حفاظت منافع جمهوری اسلامی ایران در واشنگتن است.

www.persianvillage.com

این یک سایت فرهنگی، اجتماعی، بازرگانی، و تفریحی
است.

www.Iraniha.com

این یک سایت متنوع از مسایل گوناگون میباشد.

www.gooya.com

این سایت برای شنیدن اخبار از طریق رادیو های مختلف
فارسی زبان مانند بی بی سی، رادیو ایران، رادیو
اسرائیل، و دهها رادیوی دیگر مورد علاقه شما و
همچنین انواع مجلات و روزنامه های فارسی زبان مورد
استفاده قرار میگیرد. بعبارت دیگر، هر گونه اخبار
روز، از هر منبعی را، میتوانید از طریق این سایت
مطلع شوید. حتی میتوانید خیلی از تلویزیون ها را هم از
طریق این سایت مشاهده نمائید. جالب توجه است که
بدانید، خیلی از همین رادیو و تلویزیونهای ایرانی هم، از
همین سایت برای کسب خبر استفاده میکنند.

www.Zip2.com ویا www.mapquest.com

این سایت برای پیدا کردن آدرس در آمریکا و یا تهیه
کردن نقشه جغرافیائی هر کشور دیگر.
و بلاخره صدها سایت ایرونی و غیر ایرونی دیگر که
باید آنها را خودتان پیدا کنید.

(به دنیای بی کران اینترنت خوش آمدید...)

فصل چهارم

پُست الکترونیکی از طریق Hotmail

مکانیک کار پُست الکترونیکی و یا ایمیل دقیقا بمانند پُست معمولی است. بدین معنی که شما در هر محلی که زندگی بنمائید عضو مشترکین پستخانه محل خود هستید. آن پستخانه نیز آدرسی دارد که بجز اسم محل، توسط کد پُستی مخصوصی شناسائی میشود. بنابراین تمام نامه های دریافتی شما ابتدا به پستخانه محل میرود و چون آدرس شما در محدوده خدماتی کار آنهاست، بنابراین مامورین پُست یا نامه را مستقیما به محل کار و یا منزل شما میآورند و یا اگر در آن پستخانه دارای صندوق پستی باشید آنرا در صندوق پستی شما قرار میدهند. در این صورت شما با مراجعه به صندوق پستی خود، نامه تان را دریافت میدارید.

در کامپیوتر نیز بهمین صورت است. منتها بجای اداره پُست، وب سِرور وجود دارد، و هر وب سِروری دارای آدرس خاص خود میباشد. مثلا اگر من مشترک با MSN و یا AOL باشم، همانطوریکه در ابتدای بحث اینترنت گفته شد، آدرس ایمیل من بسته به اسمی که برای خودم انتخاب نموده ام بشکل زیر خواهد بود:

Saffarzadeh@aol.com و یا Saffarzadeh@msn.com

در اینجا علامت @ نشانگر اینست که این یک آدرس ایمیل است نه وب سایت. چرا که وب سایت همیشه با www شروع میشود. و هر نوشته واقع در طرف راست @ آدرس همان وب سِرور است که در اینجا وب سِرور ما امریکن آنلاین میباشد. بنابراین اگر کسی به آدرس بالا بمن ایمیل بفرستد، ایمیل آن ابتدا به وب سِرور امریکن انلاین خواهد رفت و سپس امریکن آنلاین آنرا در

صندوق پُستی من قرار خواهد داد. بهمین دلیل هر زمانی که من وارد به پروگرام امریکن آنلاین و یا هر پروگرام دیگری که از مشترکین آن هستم شوم آن پروگرام فوراً بمن اطلاع میدهد که من ایمیل های تازه ای دریافت داشته ام.

ایمیل از طریق Hotmail

فرستادن ایمیل

چنانچه شما در ابتدای کار با مایکروسافت ام اس اِن مشترک شده باشید. معمولاً ایمیل شما از طریق هات میل انجام میپذیرد. ورود به سایت هات میل از دو طریق انجام میگیرد. اول آنکه، اگر قبلا در سایت ام اس اِن باشید. در اینصورت باید در قسمت بالای صفحه در روی دکمه Hotmail کلیک نمائید تا وارد بخش هات میل شوید. دوم اینکه در کامپوتری هستید که MSN ندارد. در اینصورت باید در قسمت بالای صفحه در محل نوار نوشتن ادرسهای اینترنتی، یعنی محلی که با www شروع میشود، یک کلیک کنید تا آن محل هایلایت گردد و سپس آدرس سایت Hotmail را که www.hotmail.com میباشد تایپ نمائید. پس از تایپ آدرس روی دکمه Enter را فشار دهید تا بلافاصله در صفحه هات میل وارد شوید. پس از وارد شدن به هات میل، مراحل زیر را انجام دهید.(شکل ۲۰ در صفحه ۶۶)

۱. روی دکمه Compose (کامپوز) در هات میل و یا Write e-mail در MSN کلیک نمائید. کلمه " کامپوز" به معنی نوشتن نامه میباشد.

۲. آدرس دریافت کننده ایمیل خود را در داخل کادر سفید رنگ مقابل کلمه :TO دقیقاً بهمان شکلی که در دست دارید تایپ نمائید.

۳. فلش ماوس را در داخل کادر سفید رنگ مقابل کلمه Subject برده و کلیک نمائید تا کُرسر شما به آن منطقه منتقل گردد. در اینجا موضوع ایمیل خود را تایپ نمائید. (شکل ۲۰)

شکل ۲۰

۴. فلش ماوس را در داخل کادر سفید رنگ بزرگ که در قسمت زیرین قرار گرفته برده و کلیک نمائید تا کُرسر

شما بدانجا انتقال یابد. اکنون شروع به نوشتن متن ایمیل خود نمائید.

۵. پس از اتمام نامه خود روی دکمه Send کلیک نمائید.

تمام..... اولین ایمیل شما، مبارک باشد

اکنون در صفحه دیگری قرار گرفته اید که گزارش میدهد که ایمیل شما فرستاده شد.

نکته: قسمت مربوط به **"موضوع"** و یا Subject: باید بیان کننده متن داخل ایمیل شما باشد. چون دریافت کننده باید از روی قسمت موضوع، تشخیص دهد که ایمیل شما را باز کند، یا اینکه آنرا نخوانده پاک نماید. این بدان دلیل است که اینروزها ایمیل های تبلیغاتی فراوانی افراد دریافت میدارند . بطوریکه از دریافت آنها بستوه آمده اند. بنابراین دریافت کننده گان ایمیل باید حتما بتوانند تشخیص دهند که این نامه از طرف کسی که با ان آشنائی دارند رسیده است. اینست که بهتر است همیشه اسم خودتان را در این قسمت بنویسید که دریافت کننده بدون شک ایمیل شما را بخواند.

دریافت ایمیل

چنانچه ایمیلی برای شما آمده باشد، اگر در پروگرام
ام اس اِن باشید، بمجردیکه وارد قسمت ایمیل شوید لیست
ایمیل های رسیده شده را مشاهده خواهید کرد.(شکل ۲۱)

شکل ۲۱

در اینصورت، فلش ماوس را روی نام فرستنده برده،
وقتی که بشکل دست گردید، کلیک نمائید. با این عمل،
شما آن ایمیل را باز نموده اید. (شکل ۲۲ صفحه ۶۹).
پس از خواندن، روی دکمه x کلیک کنید تا آن صفحه
بسته شود و دوباره وارد لیست ایمیل های رسیده شده
گردید.
درHotmail برای دیدن لیست ایمیل های خود باید دکمه
Inbox را کلیک نمائید.

شکل ۲۲

پرنت یا چاپ ایمیل Printing E-mail

برای چاپ و پرنت کردن ایمیل خود پس از خواندن ایمیل
کافیست که روی دکمه Print کلیک نمائید و در کادر بعدی
که متعلق به پرنت است روی دکمه Print کلیک کنید.
(شکل ۲۳در صفحه ۷۰)
طریق دیگر اینکه روی کلمه File واقع در منیوبار وسپس
روی انتخاب Print کلیک نمائید. پس از باز شدن کادر
مربوطه به پرنت، روی دکمه پرنت کلیک کنید.

شکل ۲۳

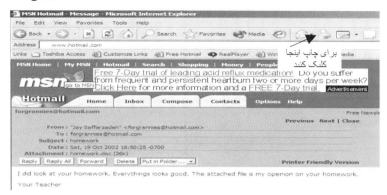

پاسخ بلافاصله به ایمیل Reply

چنانچه بخواهید بلافاصله جواب ایمیل را بدهید، باید قبل از بستن ایمیل، روی دکمه Reply کلیک کنید. با کلیک کردن روی دکمه ریپلای وارد صفحه نوشتن ایمیل خواهید شد. اکنون ملاحظه خواهید کرد که کامپیوتر خودش آدرس گیرنده را در داخل قسمت TO: قرار داده است. حتی در قسمت Subject موضوع ایمیل قبلی درج گردیده است. البته شما اگر بخواهید میتوانید آنرا عوض کنید و هر چیز دیگری که بخواهید بنویسید. نکته دیگر اینکه کرسر شما نیز در قسمت پائین صفحه آماده نوشتن میباشد. بعبارت دیگر شما بجز نوشتن متن اصلی ایمیل هیچ کار دیگری ندارید. پس از تایپ متن خود، روی دکمه Send کلیک کنید تا ایمیل شما ارسال گردد.

Forward و یا ارسال رونوشت ایمیل دریافت شده به شخص دیگر

شما اگر ایمیلی دریافت کردید که مثلا مطلبی در آن است که میخواهید دوست دیگر شما هم از آن آگاه باشد پس از خواندن ایمیل روی دکمه Forward کلیک کنید. دوباره در صفحه نوشتن ایمیل قرار میگیرید که تنها کاری که باید انجام دهید نوشتن آدرس گیرنده میباشد. که البته کرسر شما نیز قبلا در آن محل توسط کامپیوتر قرار گرفته است. همانطوریکه ملاحظه مینمائید در اینجا اگر نخواهید خودتان مطلبی را اضافه کنید فقط کافیست که روی دکمه Send کلیک نمائید.

پاک کردن ایمیل Deleting E-mails

از دو طریق میتوانید ایمیل خود را دیلیت Delete و یا پاک نمائید. طریق اول آنستکه پس از باز کردن ایمیل، میخواهید آنرا پاک کنید. در اینصورت کافیست که روی دکمه Delete کلیک نمائید. بلافاصله ایمیل شما پاک خواهد شد. طریق دوم، قبل از باز کردن ایمیل میخواهید آنرا پاک کنید. این در صورتیست که فرستنده ایمیل را نشانسید. در اینصورت فلش ماوس را در داخل مربع شکل کوچک واقع در سمت چپ فرستنده ایمیل قرار داده ویک کلیک کنید. بدین وسیله ایمیل مورد نظر خود را انتخاب کرده اید. البته میتوانید تمام ایمیل هائی را که نمیخواهید، با هم انتخاب نمائید و سپس روی دکمه Delete

کلیک کنید . با این کار تمام ایمیل های انتخاب شده با هم
پاک میشوند.(شکل ۲۴)

شکل ۲۴

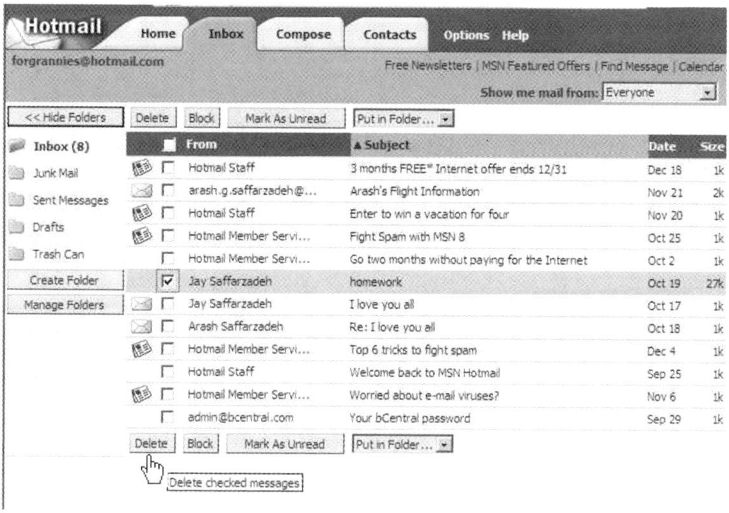

Blocking Junk E-mails in Hotmail
جلوگیری از دریافت ایمیل های ناخواسته

معمولا وقتی شما شروع به استفاده از ایمیل نمودید، پس
از مدتی ایمیل های زیادی را دریافت میدارید که خیلی از
آنها متعلق به موسسات تبلیغاتی برای فروش کالا، و یا
سایتهای سکسی (که حتماً نمیخواهید آنها را ببینید!!)
خواهند بود. برای جلوگیری از آنها و یا هرکسی که با
ایمیل های خود مزاحم شما میشود مراحل زیر را انجام
دهید:

۱. قبل از باز کردن ایمیل از روی لیست ایمیل ها، ایمیل مورد نظر خود را انتخاب نمائید

۲. روی دکمه Block کلیک کنید.

۳. در صفحه بعد دو انتخاب برای شما وجود دارد؛ انتخاب اول باعث میشود که دیگر شما از آن فرستنده هیچگونه ایمیلی دریافت ندارید. و انتخاب دوم باعث میشود که هیچ ایمیلی نه تنها از آن فرستنده، بلکه از تمام کسانیکه جزو مشترکین وب سرور فرستنده مزبور هستند دریافت ندارید. مثلا اگر فرستنده ایمیل شما از مشترکین Aol.com میباشد و شما انتخاب دوم را کلیک کنید، دیگر هیچکسی از طریق امریکن آنلاین برای شما نمیتواند ایمیل بفرستد. (شکل۲۵در صفحه ۷۴)

شکل ۲۵

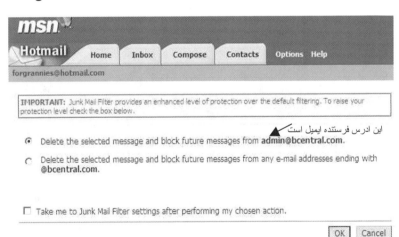

این فرمان بسیار مفید میباشد زیرا پس از اندک زمانیکه شروع به استفاده از ایمیل کردید، هرروز سیل ایمیل های ناخواسته و مزاحم دریافت میدارید که میخواهید از شرّ آنها خلاص شوید. این فرمان در پروگرامهای دیگر ممکن است بشکل دیگری باشد.

Contacts and Address Book in Hotmail
درست کردن لیست آدرس ها در هات میل

اکنون که فرستادن و دریافت کردن ایمیل را فرا گرفتید، میتوانید تمام آدرس های ایمیل دوستان و بستگان خود را که با آنها در تماس ایمیل هستید در محلی بنام فهرست آدرس ها و یا ارتباط با افراد بشرح زیر یاداشت نمائید.

۱. کلیک روی دکمه Contacts

۲. کلیک روی دکمه New Contacts

۳. در صفحه بعدی، اطلاعاتی که از دوستتان در دست دارید در جاهای مربوطه پر کنید. بخاطر داشته باشید که دو قسمت حتماً باید پر شود. یکی مربوط به QuickName یکی هم مربوط به Screen Name بقیه اطلاعات را اگر بنویسید به نفع شماست. چرا که هر وقت هر گونه اطلاعاتی راجع به دوستتان بخواهید میتوانید از کامپیوترتان کمک بگیرید.

۴. کلیک روی دکمه OK (شکل ۲۶ در صفحه بعد)

شکل ۲۶

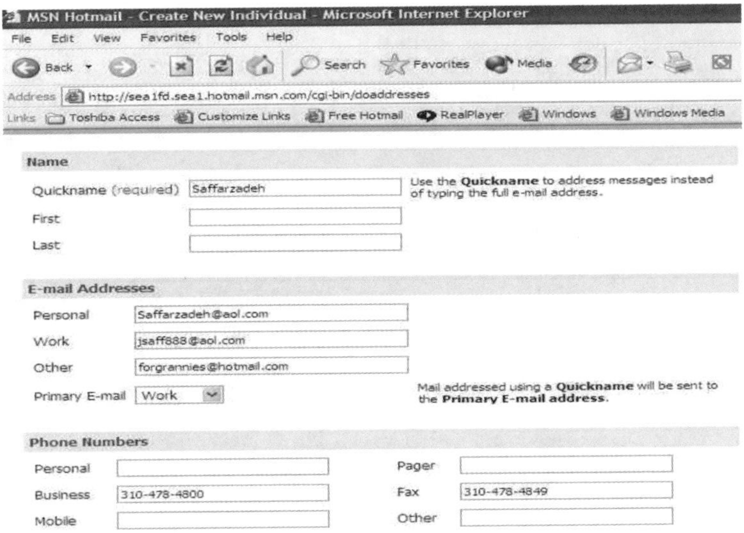

بعد از کلیک کردن بر روی دکمه OK صفحه جدیدی را
ملاحظه میکنید که آدرس ایمیلی که تایپ نموده بودید
بصورت لیست وار، در آن صفحه مشاهده میگردد. همین
مراحل فوق را تکرار کنید تا آدرس ایمیل های بیشتری را
وارد نمائید.

گروه بندی ایمیل ها Group Address

پس از مدتی متوجه خواهید شد که اکنون دارای ایمیل های زیادی در قسمت فهرست ایمیل ها گردیده اید. در این حالت فکر خوبی است که آنها را گروه بندی نمائید. بدین ترتیب که مثلا تمام ایمیل های متعلق به دوستان در یک گروه، و ایمیل های متعلق به بستگان در گروه دیگر، و ایمیل های همکاران نیز در گروه متفاوت قرار بگیرند. فایده گروه بندی چنین است که مثلا اگر قرار است تمام بستگان خود را به یک مهمانی دعوت نمائید، بجای اینکه به تک تک آنها ایمیل بفرستید، فقط کافیست که با یک کلیک گروه ادرس های آنها را انتخاب نمائید و وقتی ایمیل خود را تایپ کردید، بمجردیکه روی دکمه Send کلیک کردید همه بستگان ظرف چند ثانیه ایمیل شما را دریافت میدارند. برای اینکار مراحل زیر را انجام دهید.

۱. کلیک روی Contacts (چنانچه در صفحه *Contacts* نباشید).

۲. کلیک روی دکمه New Group

۳. اسم گروه مورد نظر خود را تایپ میکنید مثل Friends

۴. کلیک در داخل کادر کوچکی که در قسمت پائین تر قرار گرفته (بمنظور انتقال کرسر).

۵. اکنون آدرس ایمیل های خود را با حفظ فقط یک فاصله بین هر ایمیل، تایپ نمایید.

۶. پس از پایان کار روی دکمه OK کلیک کنید. (شکل۲۷)

شکل ۲۷

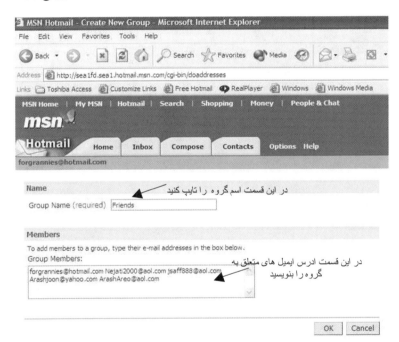

طریقه استفاده از لیست آدرس ها و یا Contacts

اکنون که دارای لیست آدرس ایمیل های خود میباشید،
نوشتن ایمیل قدری ساده تر خواهد بود. چرا که دیگر نیازی
به تایپ کردن آدرس ایمیل ندارید. فقط کافیست که از روی
لیستی که در طرف راست ایمیل قرار گرفته است استفاده
نمائید. بدین صورت که وقتی در قسمت Write E-mail ویا
Compose قرار گرفته اید فلش ماوس را روی لیست آدرس
ها برده و آدرس مورد نظر را با کلیک کردن انتخاب
نمائید. بلافاصله خواهید دید که آدرس ایمیل، در محلی که
باید قرار بگیرد، قرار گرفته است.(شکل۲۸)

شکل ۲۸

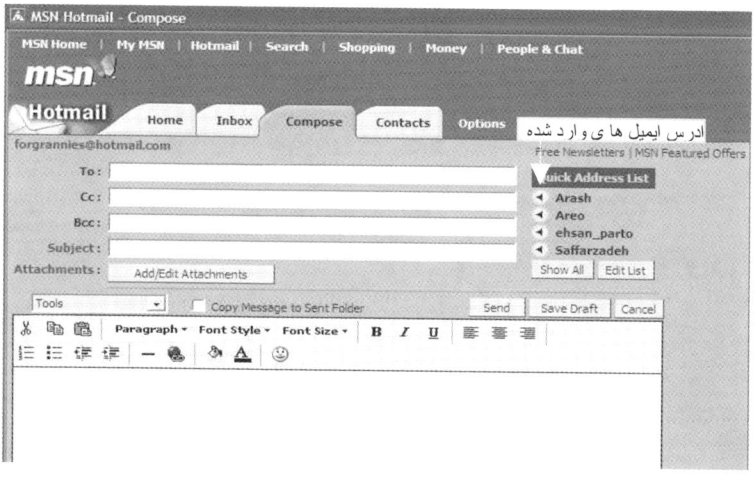

اما اگر بخواهید به یک گروه خاصی که قبلا آنرا درست
کرده اید ایمیل بفرستید، باید روی دکمه Show All کلیک
کنید و سپس روی اسم گروهی که میخواهید کلیک کنید.
پس از کلیک کردن، همان اسم گروه مثلا Friends در
قسمت گیرنده یا TO: ظاهر میگردد. ولی بمجردی که ایمیل
را فرستادید در صفحه بعدی لیست تمام کسانیکه در گروه
بودند بشما داده خواهد شد. (شکل ۲۹)

شکل ۲۹

چنانچه بخواهید آدرس ایمیل شخصی را که در لیست
آدرس های شما قرار گرفته، عوض کنید، و یا اسم جدیدی
به یکی از گروه ها بیافزائید، کافیست که اول روی انتخاب
Contacts کلیک کنید، سپس فلش ماوس را روی هر لیستی
که قرار است تغییرو تحول در آن شود برده و همینکه
بشکل دست شد کلیک نمائید.

با این حرکت در داخل آن اسم مربوطه قرار خواهید گرفت و پس از تغییرات خود دکمهOK را کلیک نمائید.

تصحیح متن چاپ شده و یا Spell Checking

خبر خوب اینست که اگر متن شما به انگلیسی نوشته شده باشد، میتوانید قبل از فرستادن ایمیل از کامپیوتر بخواهید که ایمیل شما را غلط گیری نماید. این کار از طریق زیر انجام میگیرد.

۱.کلیک روی Tools و بعد هم Spell Check

۲. چنانچه اشتباهی داشته باشید، یعنی لغتی تایپ کرده باشید که در داخل دیکشنری کامپیوتر وجود نداشته باشد، کامپیوتر آنرا بصورت کلمه قرمز رنگ مشخص مینماید و لیستی را بشما میدهد که در آن یک یا چند کلمه نزدیک به آنچه تایپ کرده اید قرار گرفته است. چنانچه صحیح آن کلمه را در آن لیست دیدید روی لغت صحیح، کلیک کنید تا آنرا انتخاب نمائید. اما چنانچه هیچکدام از لغات داده شده، لغت مورد نظر شما نبود، میتوانید خودتان با دست کلمه اشتباه را صحیح نمائید. در صورتیکه کلمه اشتباه نباشد، میتوانید روی دکمه Ignore یعنی نادیده گرفتن، کلیک کنید.

۳. کلیک روی دکمهChange، تا کامپیوتر کلمه صحیح را با کلمه اشتباهی که تایپ کرده بودید عوض نماید. این عمل را ادامه دهید تا اینکه عمل تصحیح متن پایان پذیرد.

نکته: گاهی اوقات مثلا شما اسم خود را تایپ نموده اید و چون کامپیوتر آن کلمه را در دیکشنری خود ندارد، بعنوان یک غلط املائی آنرا تلقی مینماید. در اینصورت شما باید دکمه *Add to Dictionary* را کلیک کنید. تا اسم شما به دیکشنری کامپیوتر اضافه گردد. از این به بعد فقط در صورتیکه مثلاً اسم خود را اشتباه تایپ کردید، کامپیوتر آنرا بصورت یک غلط املایی معرفی خواهد کرد. (شکل ۳۰)

شکل ۳۰

پس از پایان غلط گیری اتوماتیک وار به صفحه مربوط به نوشتن ایمیل برخواهید گشت.

ایمیل های پیوست دار Attachment

گاهی اوقات میخواهید عکسی، پرونده ای و یا حتی یک فایل صوتی که مثلا صدای خود را در آن ضبط کرده اید را همراه ایمیل خود بفرستید. البته فرض بر اینست که عکس و یا فایل مورد نظرقبلا در کامپیوتر موجود است. در اینصورت مراحل زیر را انجام دهید.

۱. پس از پایان تایپ ایمیل خود، قبل از اینکه دکمه Send را کلیک کنید، روی دکمه Add/Edit Attachment کلیک نمائید.

۲. در صفحه بعد همانطوریکه در شکل ۳۱ ملاحظه مینمائید روی دکمه Browse کلیک کنید.

شکل ۳۱

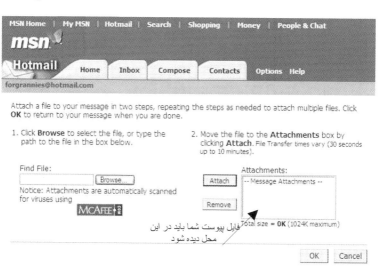

۳. صفحه بعد دقیقاً مانند باز کردن فایل، که در قسمت اول کتاب آنرا فرا گرفتید میباشد، در اینجا بدنبال فایل خود بگردید. مثلا اینکه در کدام فولدر فایل مورد نظر شما قرار گرفته است. (شکل ۳۲)

شکل ۳۲

پس از پیدا کردن فایل خود، روی فایل دابل کلیک نمائید تا فایل شما انتخاب شود. بلافاصله کامپیوتر، شما را در صفحه قبلی قرار میدهد، و اسم فایل نیز در قسمت Find File دیده میشود.

۴. روی دکمه Attach کلیک کنید. در اینجا فایل شما به داخل کادر کوچک لیست فایل های پیوست واقع در طرف راست صفحه منتقل میشود. (شکل ۳۳ در صفحه ۸۴)

شکل ۳۳

۵. سپس روی دکمه OK کلیک کنید. بلافاصله به صفحه ایکه ایمیل خود را مینوشتید برمیگردید. در اینجا اسم فایلی که پیوست کردید در کنار Add/Edit Attachment مشاهده مینمائید. (شکل ۳۴)

شکل ۳۴

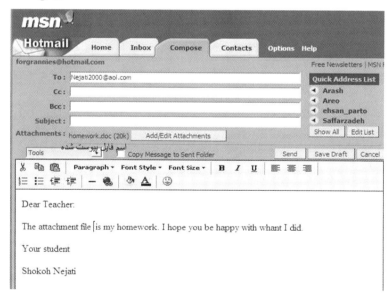

۶. دکمه Send را که کلیک کنید. اکنون فایل پیوست خود را به اصطلاح کامپیوتری Upload کرده اید. معمولا اگر فایل بزرگی مثل فایل های حاوی عکس و یا صوتی باشد شما عمل فرستادن فایل و یا آپلود کردن را مشاهده میکنید.

باز کردن پیوست ایمیل دریافت شده

اکنون که یاد گرفتید چگونه همراه ایمیل خود پیوست ارسال دارید، باید فرا بگیرید که چنانچه ایمیل دریافتی شما دارای پیوست باشد چگونه آنرا باز و یا Download کنید. معمولا ایمیلی که دارای پیوست میباشد در قسمت بالای ایمیل لغت Attachment را مشاهده میکنید. برای باز کردن فایل پیوست مراحل زیر را انجام دهید. (شکل۳۵)

شکل ۳۵

۱. فلش ماوس را روی نام فایلی که در جلوی کلمه Attachment دیده میشود قرار داده و پس از اینکه فلش ماوس بشکل دست در آمد کلیک نمائید.

85

۲. در صفحه بعد روی دکمه Download File کلیک کنید.

۳. در کادر بعدی، کامپیوتر از شما سئوال میکند که آیا میخواهید این فایل را پس از Download (دانلود) کردن بلافاصله باز کنم یا اینکه آنرا فقط در داخل مثلا هارددرایو شما ذخیره نمایم. در اینجا شاید بهتر آن باشد که اول فایل را باز کنید و بعداً آنرا مانند یک فایل معمولی سیو نمائید. (برای یاد آوری سیو کردن روجوع شود به صفحه ۳۱)

با یاد گرفتن فرامین اصلی که تا بحال در مورد ایمیل گفته شد، فرمانهای ریز دیگر را باید خودتان بتوانید انجام دهید.

فصل پنجم

استفاده از پروگرام امریکن آنلاین

Using AOL for E-mail and other features

ورود به پروگرام امریکن آنلاین را در قسمت اول بخش اینترنت این کتاب توضیح دادیم. اما برای استفاده کردن ایمیل در AOL باید گفت که فرق زیادی با پروگرامهای دیگر آنلاین مانند Hotmail ویا حتی Yahoo ندارد.

دریافت ایمیل

بمجرد ورود به پروگرام چنانچه ایمیل جدیدی داشته باشید فوراً آیکان شبیه به صندوق پستی که در داخل آن نامه وجود دارد دیده میشود. و معمولا این همراه صدائی که میگوید You've Got Mail (شما نامه دارید) میباشد. پس از دیدن صندق پستی مراحل زیر را انجام دهید. (شکل ۳۶)

شکل ۳۶

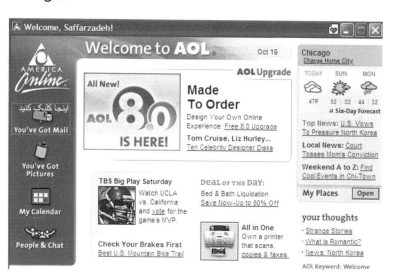

۱. روی آیکان صندوق پستی کلیک کیند.

۲. در صفحه بعد شما لیست ایمیل های دریافتی را ملاحظه مینمائید. چنانچه در روی هر ایمیلی دابل کلیک نمائید، ایمیل مورد نظر باز خواهد شد.

۳. چنانچه بخواهید ایمیل خوانده شده را پاک نمائید روی دکمه Delete کلیک نمائید و بعد هم به پاسخ سئوالی که آیا مطئمن هستید، جواب Yes میدهید. ولی چنانچه نخواهید آنرا پاک کنید، فقط کافیست که روی دکمه X کلیک کنید تا بصفحه لیست ایمیل های دریافتی بازگردید.

۴. پس از خواندن هر ایمیلی، یک علامت ⑩ جلوی اسم ایمیل گذارده میشود. بدین معنی که این ایمیل خوانده شده است و دیگر در لیست ایمیل های جدید نخواهد بود. (شکل ۳۷)

شکل ۳۷

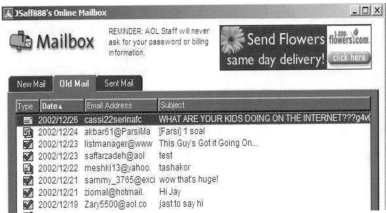

ذخیره کردن ایمیل

معمولا امریکن آنلاین هر ایمیلی را بمدت هفت روز
نگهداری و بعد آنرا پاک میکند. اگر شما بخواهید ایمیل
خود را برای زمان بیشتری ذخیره نمائید باید روی دکمه
Save to Filing Cabinet واقع در قسمت پائین صفحه ایمیل
کلیک کنید و بعد روی انتخاب Incoming/Saved Mail
کلیک نمائید. (شکل۳۸)

شکل ۳۸

برای باز کردن ایمیل های ذخیره شده، ابتدا روی کلمه
Mail واقع در نوار منیو، و بعد هم از روی لیست داده
شده روی انتخاب File Cabinet کلیک کنید. در اینجا شما
باید لیست تمام ایمیل های ذخیره شده خود را ببینید. و با
دابل کلیک کردن روی هرکدام میتوانید ایمیل مورد نظر
خود را باز کنید.

نوشتن ایمیل Writing E-mail

نوشتن ایمیل در پروگرام امریکن آنلاین درست مانند پراگرمهای دیگر است. فقط کافیست که روی دکمه Write کلیک نمائید و سپس در قسمت Send To آدرس ایمیل گیرنده، در قسمت :Subject موضوع ایمیل، که بهتر است اسم خودتان باشد، و بالاخره در کادر سفید قسمت پائین تر کلیک کنید و متن اصلی ایمیل خود را بنویسید. البته، همانطوریکه در قسمت اول کتاب یاد گرفتید میتوانید حروف متن خود را بزرگتر، و یا رنگی بنمائید. (شکل ۳۹)

شکل ۳۹

همانطوریکه در این شکل ملاحظه میکنید. بجز تغییر اندازه خط و یا رنگ خط میتوانید با یک کلیک روی دکمه  متن خود را از نظر املائی تصحیح نمائید. پس

از پایان تایپ ایمیل خود، روی دکمه Send Now کلیک کنید.(شکل ۳۹ در صفحه ۹۱)

چاپ و یا پرنت کردن ایمیل

پس از خواندن ایمیل چنانچه بخواهید میتوانید آنرا پرنت و یا چاپ نمائید. البته اگر پرنتر و یا چاپگر شما روشن و کاغذ هم در آن وجود داشته باشد.

۱. روی دکمه Print در قسمت بالای صفحه کلیک کنید.

۲. در کادر بعدی فقط کافیست دکمه | OK | ویا Print را کلیک کنید.

Forward ویا فرستادن نسخه ای از ایمیل دریافتی، به کسی دیگر

پس از دریافت هر ایمیلی، چنانچه بخواهید نسخه ای از ایمیل خود را به شخصی دیگری بفرستید، کافیست که پس از خواندن ایمیل روی دکمه Forward کلیک نموده و پس از نوشتن آدرس ایمیل شخص مورد نظر و دیگر اطلاعات روی دکمه Send Now کلیک کنید.

فهرست آدرس ها Address Book

همانطوریکه در بخش Hotmail.com به تفصیر در این زمینه بحث گردید، برای جمع آوری و تهیه لیست ایمیل های دریافتی از دوستانتان، مراحل زیر را انجام دهید.

۱. کلیک روی انتخاب Mail و بعد هم Address Book (شکل ۴۰)

شکل ۴۰

۲. در کادر داده شده بعدی روی دکمه Add Contact کلیک کنید.

۳. همانطوریکه در شکل ۴۱ در صفحه بعد ملاحظه میکنید، اطلاعات لازم را پُر کنید. مهمترین قسمت که حتما باید بصورت صحیح پُر شود آدرس ایمیل و یا Screen Name میباشد که در موقع ایمیل فرستادن مورد استفاده کامپیوتر واقع میشود. بقیه اطلاعات فقط برای

شخص شماست. هرچه بیشتر اطلاعات وارد کنید Address Book شما بیشتر مورد استفاده واقع میگردد.

۴. کلیک روی دکمه Save.

شکل ۴۱

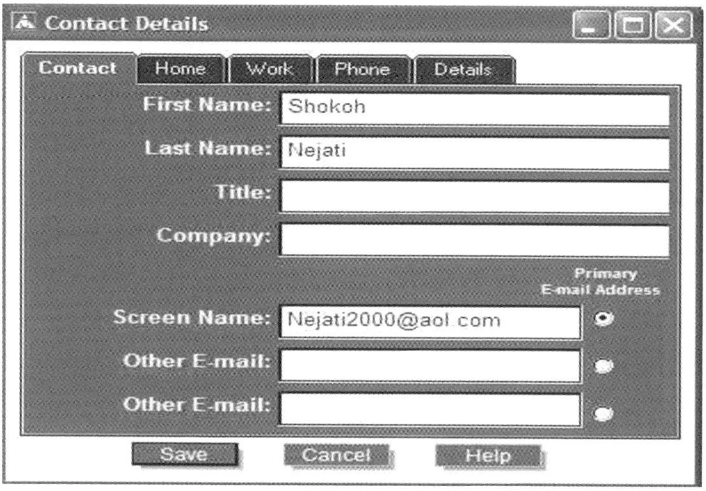

برای وارد کردن ایمیل های بیشتر قدمهای فوق را تکرار کنید.

نکته: پس از خواندن هر ایمیلی، چنانچه بخواهید آدرس آن ایمیل را وارد فهرست آدرس ها بنمائید، فقط کافیست که روی آیکان Address book که در طرف راست صفحه ایمیل واقع گردیده، کلیک کنید. با این عمل بلافاصله اتوماتیک وار آدرس ایمیل روی صفحه، منتقل به داخل فهرست آدرس های شما میشود. در صفحه داده شده بعدی، فقط کافیست که شما دکمه Save را کلیک کنید.

چگونه بدانیم ایمیل فرستاده ما خوانده شده است

چنانچه بخواهیم بدانیم که ایمیل فرستاده شده ما خوانده شده یا نه. مراحل زیر را انجام میدهیم:

۱. کلیک روی دکمه [Read] و بعد هم روی انتخاب [Sent Mail]

۲. از لیست ایمیل های فرستاده شده، ایمیل مورد نظر خود را با یک کلیک انتخاب کنید.(شکل ۴۲)

۳. روی دکمه [Status] کلیک کنید. در صفحه بعدی اطلاعا ت لازم به شما داده خواهد. چنانچه ایمیل شما خوانده شده باشد ساعت و دقیقه آنرا هم خواهید دید.

قابل توجه: فرمان فوق در صورتی کار میکند که گیرنده ایمیل شما هم جزء مشترکین امریکن آنلاین باشد.

شکل ۴۲

جلوگیری از ایمیل فرستاده شده Unsend

این فرمان به مثال آن میماند که شما نامه ای را در صندوق پست بیاندازید و بعد از چند دقیقه پشیمان شوید. البته از صندوق پُست نمیتوانید نامه را برگردانید ولی پروگرام امریکن انلاین،این امکان را بشما میدهد. بدین معنی که تا زمانیکه ایمیل شما توسط گیرنده آن باز نشده باشد شما میتوانید جلوی رفتن آنرا بگیرید. برای اینکار مراحل زیر را انجام دهید.

این فرمان هم مانند فرمان قبلی، گیرنده ایمیل باید از مشترکین AOL باشد.

۱. روی دکمه Read کلیک کنید.

۲. روی دکمه Sent Mail کلیک کنید تا در لیست ایمیل های فرستاده شده قرار بگیرید.

۳. ایمیل مورد نظر را انتخاب کنید، سپس روی دکمه Unsend کلیک نمائید.(شکل ۴۲ در صفحه قبل)

۴. در کادر بعدی از شما سئوال خواهد شد که آیا مطمئن هستید که نمیخواهید این ایمیل فرستاده شود. شما باید جواب آنرا Yes دهید. (شکل ۴۳)

شکل ۴۳

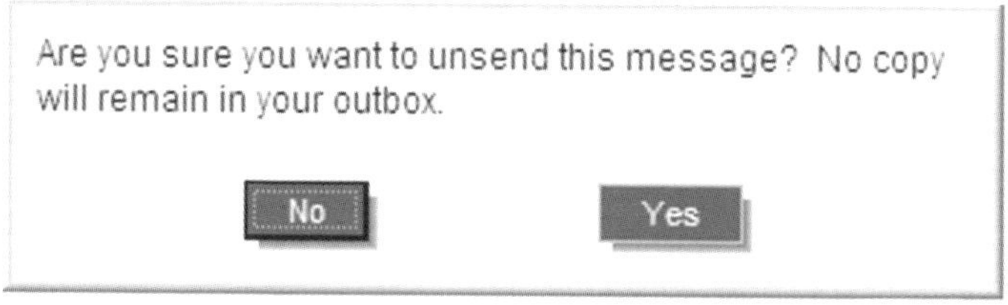

Are you sure you want to unsend this message? No copy will remain in your outbox.
No
Yes

فرستادن پیوست همراه ایمیل Attachment

چنانچه بخواهید عکسی، پرونده ای، و یا حتی یک فایل صوتی که مثلا صدای خودتان را در آن ضبط کرده اید را همراه ایمیل خود بفرستید، باید مراحل زیر را انجام دهید. اما قبلا باید از محلی که آن فایل در داخل کامپیوتر ذخیره گردیده است اطلاع داشته باشید. چرا که عمل فرستادن هر پیوست به ایمیل دقیقا مانند باز کردن یک پرونده است که شما در قسمت اول این کتاب با آن آشنا شدید.

۱. پس از ایجاد ایمیل قبل از اینکه آنرا بفرستید، روی دکمه Attachments کلیک کنید. (شکل ۴۳)

۲. در کادر بعدی نیز روی دکمه Attach کلیک نمائید. (شکل ۴۴ در صفحه بعد)

شکل ۴۳

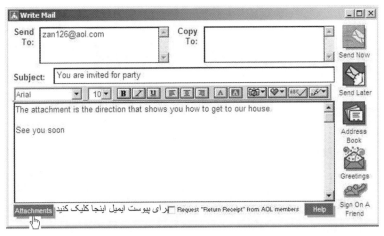

۳. در اینجا با توجه به آگاهی از محل فایل، فایل مورد نظر خود را پیدا نموده و سپس روی آیکان فایل دابل کلیک کنید.(شکل ۴۵)

شکل ۴۴

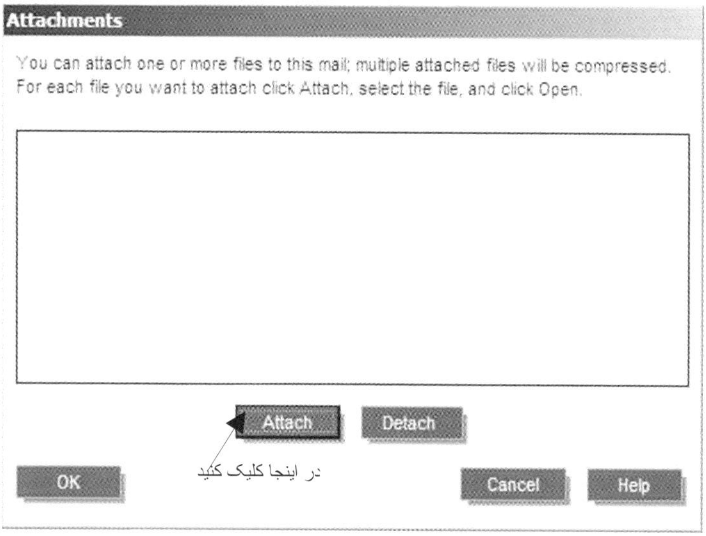

در اینجا کلیک کنید

شکل ۴۵

برای انتخاب فایل در اینجا کلیک کنید

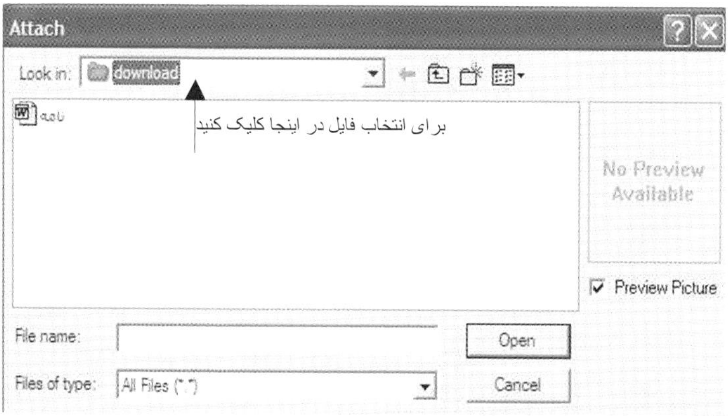

۴. پس از انتخاب فایل مورد نظر روی دکمه OK کلیک کنید.

اکنون در قسمت پائین ایمیل خود در جلوی کلمه پیوست، اسم فایلی که پیوست کرده اید را مشاهده میکنید.

Attachments letter.rtf ◀ 🖫

۵. پس از پیوست فایل، روی دکمه Send Now کلیک کنید.

باز کردن پیوست ایمیل دریافت شده

اگر ایمیل دارای پیوست باشد، در قسمت پائین ایمیل کلمه Download▼ مشاهده میشود. برای باز کردن فایل همراه ایمیل مراحل زیر را انجام دهید.

۱. روی دکمه Download▼ کلیک و انتخاب Download Now را برگزینید.

۲. در کادر بعدی روی دکمه Yes کلیک کنید.

۳. در کادر بعدی که دقیقاً بمانند سیو کردن فایل میماند (رجوع شود به صفحه ۳۲) چنانچه لازم باشد باید محل ذخیره کردن فایل را مشخص نمائید. بعنوان مثال، اگر میخواهید فایل دریافتی را برای دسرسی آسانتر در روی دسکتاب کامپیوتر ذخیره نمایید، باید محل کنونی آنرا که معمولا در داخل فولدر 🗀 download میباشد عوض کنید.

۴. روی دکمه Save کلیک کنید.(شکل ۴۶)

شکل ۴۶

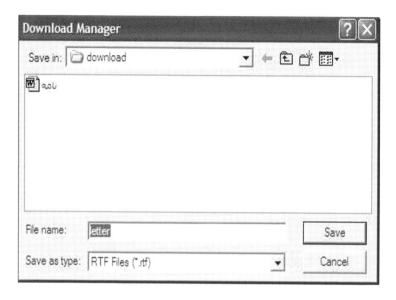

۶. بلافاصله فایل دریافتی شروع به دانلود کردن میکند.
زمان دانلود بسته به بزرگی و یا کوچکی فایل دارد. پس
از دانلود شدن فایل، در کادر کوچک داده شده بعدی، از
شما سئوال میشود که میخواهید آیکان فایل را در محلی
که ذخیره شده مشاهده کنید. در صورتیکه بخواهید فایل
را بلافاصله باز کنید روی دکمه جواب بله و در غیر
اینصورت روی جواب نه کلیک خواهید کرد.

نکته: در بیشتر موارد، چنانچه فایل دریافتی شما فایل
نوشتاری نباشد. مثلا عکس و فایل صوتی باشد،
بلافاصله پس از دانلود شدن خودش باز خواهد شد.

و السّلام....
نامه تمام.....